团 体 标 准

公路堰筑隧道设计指南

Guideline for Design of Highway Cofferdam Tunnel

T/CHTS 10079—2022

主编单位:华设设计集团股份有限公司
发布单位:中国公路学会
实施日期:2023 年 01 月 12 日

人民交通出版社股份有限公司
北 京

图书在版编目(CIP)数据

公路堰筑隧道设计指南 / 华设设计集团股份有限公司主编. — 北京 ：人民交通出版社股份有限公司，2024.1

ISBN 978-7-114-19397-2

Ⅰ.①公… Ⅱ.①华… Ⅲ.①公路隧道—隧道工程—设计—指南 Ⅳ.①U459.2-62

中国国家版本馆 CIP 数据核字(2024)第 015008 号

标准类型：团体标准
标准名称：公路堰筑隧道设计指南
标准编号：T/CHTS 10079—2022
主编单位：华设设计集团股份有限公司
责任编辑：张维青　郭晓旭
责任校对：席少楠　刘　璇
责任印制：刘高彤
出版发行：人民交通出版社股份有限公司
地　　址：(100011)北京市朝阳区安定门外外馆斜街 3 号
网　　址：http://www.ccpcl.com.cn
销售电话：(010)59757973
总 经 销：人民交通出版社股份有限公司发行部
经　　销：各地新华书店
印　　刷：北京虎彩文化传播有限公司
开　　本：880×1230　1/16
印　　张：5.25
字　　数：141 千
版　　次：2024 年 1 月　第 1 版
印　　次：2024 年 1 月　第 1 次印刷
书　　号：ISBN 978-7-114-19397-2
定　　价：86.00 元

中国公路学会文件

公学字〔2022〕191号

中国公路学会关于发布《公路堰筑隧道设计指南》的公告

现发布中国公路学会标准《公路堰筑隧道设计指南》(T/CHTS 10079—2022),自2023年1月12日起实施。

《公路堰筑隧道设计指南》(T/CHTS 10079—2022)的版权和解释权归中国公路学会所有,并委托主编单位华设设计集团股份有限公司负责日常解释和管理工作。

中国公路学会

2022年12月29日

前 言

本指南是在系统总结国内多座已建及在建堰筑隧道研究成果以及设计、施工经验的基础上编制而成。

本指南按照《中国公路学会标准编写规则》(T/CHTS 10001—2018)编写,共分为11章、2个附录,主要内容包括:总则、术语和符号、基本规定、调查与勘察、总体设计、主体结构、防水与排水、围堰工程、基坑工程、地基与基础、监测。

本指南的某些内容可能涉及专利,本指南的发布机构不承担识别专利的责任。

本指南由华设设计集团股份有限公司提出,受中国公路学会委托,负责具体解释工作。请有关单位将实施中发现的问题与建议,反馈至华设设计集团股份有限公司(地址:江苏省南京市秦淮区紫云大道9号;联系电话:15050536162;电子邮箱:cdg-liuyi@foxmail.com),供修订时参考。

主编单位:华设设计集团股份有限公司。

参编单位:上海市隧道工程轨道交通设计研究院、交通运输部公路科学研究院、河海大学、中国中铁四局集团有限公司、中交第三航务工程局有限公司、辽宁紫竹集团有限公司。

主要起草人:方忠强、姚宇、杨志豪、翟剑峰、周兴顺、刘毅、蔡新、马腾云、陆明、胡晓燕、黄伟祥、狄鹏、顾晓彬、岳嫣、许明军、孙统立、徐春明、苟联盟、朱令、倪艇、贾逸、周湧、郭兴文、许崇帮、廉云亮、卞桂荣、高凤国、王皓。

主要审查人:王华牢、刘洪洲、李伟平、丁玉乔、王明年、张鹏、钟建驰、曹校勇、蔡国军、郭小红。

目 次

公路堰筑隧道设计指南

1 总则

1.0.1 为规范和指导公路堰筑隧道设计,制定本指南。

1.0.2 本指南适用于各级新建公路堰筑隧道土建工程设计。

1.0.3 公路堰筑隧道设计应贯彻国家有关技术经济政策,积极稳妥地采用新技术、新材料、新设备、新工艺。

1.0.4 公路堰筑隧道设计除应符合本指南的规定外,尚应符合国家、行业现行有关标准的规定。

2 术语和符号

2.1 术语

2.1.1 堰筑隧道 cofferdam tunnel

设置临时挡水围堰,在围堰内采用明挖法修建的隧道。

2.1.2 暗埋段 buried section

采用封闭式结构,上部回填覆盖的隧道段落。

2.1.3 敞开段 open section

采用U形半封闭式结构的隧道段落。

2.1.4 洞口 portal

隧道暗埋段与敞开段交界处。

2.1.5 辅助通道 ancillary passageway

为便于救援疏散及附属设施布置而设置的沿隧道纵向的与行车通道分隔的独立通道。

2.1.6 附属用房 affiliated room

为附属设施设置的地面或地下房间,包含配电房、雨水泵房、废水泵房、消防水池、通风机房等。

2.1.7 主体结构 main structure

构成隧道行车通道、辅助通道及附属用房等建筑的永久结构体,由梁、板、墙等主要受力构件组成。

2.1.8 地面疏散通道 ground evacuation exit

为满足隧道和辅助用房应急救援疏散需求,设置的通向地面的逃生通道。

2.1.9 围堰分期 periodization of cofferdam

为满足水土流通、行洪或航道通行要求,分时段进行围堰施工的方法。

2.1.10 首仓围堰 the first cofferdam stage

与水域大堤连接的围堰仓段。

2.1.11 二次围堰 secondary perpendicular cofferdam

水中翻交施工组织时,设置于已建结构上方的围堰。

2.1.12 结构回填 backfill

结构达到设计强度后,主体结构两侧、顶板上方进行的覆盖回填。

2.1.13 回水 backwater

结构回填后、围堰拆除前,有序恢复水面的过程。

2.2 符号

A_d——偶然作用设计值;

C——结构或结构构件达到正常使用要求的规定限值；

c——渗径系数；

F_f——浮力设计值；

F——汇水面积；

G_k——隧道自重及其上作用的永久作用标准值之和；

f_a——修正后的地基承载力容许值；

f_{az}——软弱土层顶面处修正后的地基承载力容许值；

G_{ik}——第 i 个永久作用标准值；

h——基础底面埋深；

i_s——引道段坡度；

k_0——土的静止侧压力系数；

L_s——坡面流的长度；

m_1——地表粗度系数；

N——抗拔桩数量；

p——最不利作用频遇值组合条件下基底平均压力；

p_{max}——最不利作用频遇值组合条件下基底最大压力；

P——设计重现期；

p_z——最不利作用频遇值组合条件下软弱土层顶面处压力；

Q_{jk}——第 j 个可变作用标准值；

Q_s——雨水设计流量；

q——设计暴雨强度；

R_{td}——单桩抗拔承载力容许值；

R_d——结构构件抗力的设计值；

S_d——作用组合的效应设计值；

$S(\ )$——作用组合的效应函数；

t——坡面集水时间；

T——降雨历时；

V——隧道排开水的体积；

z——基础底面至软弱土层顶距离；

φ'_k——土的有效内摩擦角标准值；

γ_0——结构重要性系数；

γ_{Gi}——第 i 个永久作用的分项系数；

γ_{Qj}——第 j 个可变作用的分项系数；

γ_{Lj}——第 j 个考虑结构设计工作年限的作用调整系数；

γ_f——抗浮分项系数；

γ_b——浮力作用分项系数；

γ_w——水的重度；

γ_R——地基承载力抗力系数；

γ_1——深度$(h+z)$范围内各土层的加权平均重度；

γ_2——深度 h 范围内各土层的加权平均重度；

ψ_{cj}——第 j 个可变作用Q_j的组合值系数；

ψ_{f_1}——第 1 个可变作用的频遇值系数；

ψ_{q_j}——第 j 个可变作用的准永久值系数；

Ψ——径流系数；

α——土中附加应力系数。

3 基本规定

3.0.1 公路堰筑隧道设计应与公路等级相适应，满足公路规划、功能及可持续发展的要求。

3.0.2 应根据不同设计阶段的任务、目的和要求，进行资料搜集、调查、测绘、勘探和试验。

3.0.3 应考虑航道、水文、堤防等建设条件，对隧址方案进行综合比选；总体线形应满足安全、舒适的要求，隧道水域段布置方案应控制路线总体设计。

3.0.4 隧道内轮廓在满足建筑限界要求的前提下，应充分利用空间，合理布置运营设施和安全疏散设施，并预留施工误差、结构变形等富余量。

3.0.5 隧道主体结构、路面等土建工程与排水、通风、照明、交通监控、供配电、消防等附属设施应进行综合设计，满足安全运营、防灾救援的需要。

3.0.6 隧道主体结构应按永久构造物设计，满足强度、变形、稳定性、耐久性、耐火、防洪、抗浮、防水及抗震等要求。

3.0.7 隧道主体结构防排水设计应遵循“以防为主、堵排截相结合”的原则。

3.0.8 围堰工程应遵循安全可靠、就地取材、便于施工和维护的设计原则，具有抵抗风、浪、流和潮汐等功能，并满足通航、行洪等要求。

3.0.9 基坑工程应保障隧道主体结构的施工安全，并为主体结构施工预留足够空间。

3.0.10 地基与基础应满足承载力要求，并满足设计工作年限内主体结构变形控制的要求。

3.0.11 结构回填应在隧道主体结构达到设计强度后进行，回填料满足压实度以及防渗等要求，并尽可能利用隧道开挖土方。

3.0.12 应开展施工监测，并兼顾运营监测的需求。

4 调查与勘察

4.1 一般规定

4.1.1 应根据公路等级、隧道规模，结合隧址区地质、水文、航道、航运、防洪、港口码头、锚地、周围环境等建设条件，分阶段确定所需资料。

4.1.2 调查与勘察的基础资料应齐全、准确、有效，满足各设计阶段的相应要求。

4.2 调查

4.2.1 应查明周边风景名胜区、水源保护地、生态保护红线、堤防、湿地公园、红树林保护区等现状与规划资料。

4.2.2 应查明隧址区航道航运、港口码头、水利设施、房屋等建(构)筑物以及通信、给水、污水、电力、输气等管线的现状及规划资料。

4.2.3 应搜集隧址区地形地貌、工程及水文地质条件、地震等资料。

4.2.4 应搜集隧址区附近的城镇防洪标准、堤防形式、水体演变、水体整治等水文资料。

4.2.5 水域段水文调查应查明以下参数：

1 流速较小的内河、湖泊洪水期和枯水期的水位与风浪等参数。

2 季节性变化较大或有拦水坝的河流洪水期和枯水期的水位、风浪、流向、流速、流量、水面比降等参数。

3 海域涨落潮、水位、风浪、盐度、冲刷、泥沙含量等参数。

4.2.6 应调查隧址区历史气象资料，包括降雨，尤其是短时强降雨，以及冰情、气温、风速、风向等。

4.2.7 应查明材料运输条件、施工场地、填料来源、取土及弃渣场地、水下障碍物、生态修复等可能影响施工的资料。

4.3 测绘

4.3.1 应根据各阶段设计要求收集隧址区及两端接线的地形、地貌资料，并进行必要的地形测绘，测绘应符合下列规定：

1 工可阶段应收集 1∶50000 及 1∶10000 地形图，图幅范围不应小于路线方案中线外 1000m，且应满足走廊带比选的需要。

2 初测阶段地形图测绘比例尺宜为 1∶2000 或 1∶1000，图幅范围不应小于围堰外边线 500m，且应满足方案比选的需要。

3 定测阶段地形图测绘比例尺宜为 1∶500，图幅范围不应小于围堰外边线 100m。

4 利用既有相应比例尺的地形图时，应到现场核验其地形图的准确性，若有差异应及时修正。

4.3.2 根据不同勘测阶段的技术要求，平面和高程控制网应采用统一布设、分级布网、逐级控制的原则。

4.3.3 长、特长隧道宜布设独立控制网,采用统一的坐标系统和高程系统,隧道出入口每一端分别布设2个以上平面和高程控制点。

4.3.4 隧道中线及横断面测量数据误差应满足设计使用要求,水域段可通过扫测或建立三维数字地形模型等手段采集数据。

4.4 勘察

4.4.1 应查明区域地质、场地类别、沿线地层岩性分布状况、地震液化及不良地质,提交的勘察成果能够满足相应阶段的设计要求。

4.4.2 应查明地下水类型,赋存条件,主要含水层分布规律,地表水和地下水的补径排关系、腐蚀性等。

4.4.3 对工程有重要影响的含水层应进行专项水文试验,分层取得水文地质参数。

4.4.4 岩土体的工程特性指标应包括物理性质指标、强度参数指标、结构与地基基础设计参数等设计所需参数,各指标应相互验证、综合分析。

1 物理性质指标包括天然含水率、天然密度、天然孔隙比、粒径分布、液限、塑限、渗透系数等。

2 强度参数指标包括黏聚力和内摩擦角(三轴不固结不排水指标、固结不排水指标及有效应力强度指标,直剪快剪、固结快剪等)、高压固结曲线、压缩系数、压缩模量、回弹模量、地基土承载力基本容许值、原位标准贯入/十字板剪切、静探锥头阻力及侧阻力、重型动探、岩石天然抗压强度、岩石饱和抗压强度、岩石点荷载强度等。

3 结构与地基基础设计参数指标包括极限侧摩阻力、极限端摩阻力、水平反力系数的比例系数、抗拔系数、静止侧压力系数、基床系数等。

4.4.5 隧道勘察应查明主体结构及基坑范围地层特性、不良地质、地下水等,提供地基与基础、基坑放坡、支挡结构设计所需的参数,勘探孔应沿基坑两侧布置,具体间距可按表4.4.5选取。

表4.4.5 隧道主体结构及基坑勘探孔参考间距(m)

隧道场地条件分级	简单	中等	复杂
工可	300～500	200～300	150～200
初勘	100～150	75～100	50～75
详勘	30～50	25～30	20～25

4.4.6 围堰勘察应查明围堰范围水位、地层特性、不良地质、地下水等,提供围堰及堰基处理设计所需的参数,应尽量利用主体结构勘探孔,并沿围堰轴线交错布设,间距可按表4.4.6取值。

表4.4.6 围堰工程勘探孔参考间距(m)

隧道场地条件分级	简单	中等	复杂
初勘	150～200	100～150	75～100
详勘	50～75	30～50	25～30

4.4.7 勘探孔深度应满足围堰、基坑和主体结构、基础验算要求,并符合下列规定:

1 应低于桩底或墙底 5m～10m。

2 进入基坑底以下中风化或微风化岩层不应小于 5m～10m。

3 如遇软土或降水设计需要，宜穿过软土层或透水层（含水层）。

4.4.8 在工可和初勘阶段，应布置一定数量的控制性钻孔。工可阶段控制性钻孔数量不应低于总钻孔数量的 50%，初勘阶段控制性钻孔数量不应低于总钻孔数量的 25%。控制性钻孔深度应达到支护结构或主体结构桩基底端 20m～30m 或稳定持力层以下 3m～5m。

4.5 专题与分析评价

4.5.1 工可阶段根据工程特点可开展船舶航迹线及航道通航条件评价专题、水底演变分析专题、水域风浪要素分析专题等。

4.5.2 初步设计阶段根据工程特点可开展洪水、水文及防涝评价分析专题，大堤破除安全分析专题、水下地形测绘专题、船舶撞击力及防撞方案研究专题、安全运营专题以及安全风险评估专题等。

5 总体设计

5.1 一般规定

5.1.1 应根据建设条件、路网规划、公路等级、交通功能及可持续发展的要求，合理确定堰筑隧道位置、平纵线形及与两端接线衔接、建筑限界、净空断面等。

5.1.2 隧道总体设计应满足通风、照明、交通监控、防洪(潮)、消防、安全疏散、环保、节能等要求。

5.2 隧道位置选择

5.2.1 隧址应满足规划、接线、水利防洪、航运及环境保护等要求。

5.2.2 隧址宜设置在地形平坦、岸线平缓、流速较小的水域；当无法避开穿越深槽、岸线陡变、急弯河道及流速较大的水域时，应采取切实可靠的工程技术措施。

5.2.3 应结合两端路线接线条件、隧道周边建设条件及施工、运营条件，进行比较后确定隧道位置。

5.3 隧道线形设计

5.3.1 隧道平面线形宜采用直线或不设加宽的曲线，采用圆曲线时，超高值不宜大于4.0%。

5.3.2 根据堤坝、航道、地形地貌等，考虑运营通风和排水等要求，纵断面宜采用"V"形或"W"形。

5.3.3 在满足道路、航道、水利、冲刷淤积等要求下，主体结构应尽量浅埋。

5.3.4 隧道内最小纵坡不应小于0.3%，最大纵坡不应大于3%；中、短隧道最大纵坡可适当加大，但不宜大于4%。

5.3.5 接地点外宜设置反向坡阻止隧道范围外道路路面水流入隧道。

5.4 隧道横断面设计

5.4.1 横断面设计应考虑功能分区，并能够满足行车安全、应急疏散、运营维护等需求。

5.4.2 隧道横断面应与接线道路顺接，宜采用整体式横断面，必要时可采用分离式横断面。

5.4.3 各级公路隧道限界如图5.4.3所示，在建筑限界内不得有任何部件侵入。建筑限界应符合现行《公路工程技术标准》(JTG B01)和《公路隧道设计规范　第一册　土建工程》(JTG 3370.1)的有关规定。

5.4.4 应结合隧道内路面排水方案确定隧道路面横坡，坡率可采用1.0%～1.5%。当隧道横坡与路基段横坡有差异时，应在敞开段完成横坡顺接过渡。

5.4.5 隧道内不设硬路肩或硬路肩宽度小于表5.4.5中规定值时，单洞单向两车道隧道应设紧急停车带，单洞单向三车道及以上隧道宜设紧急停车带。

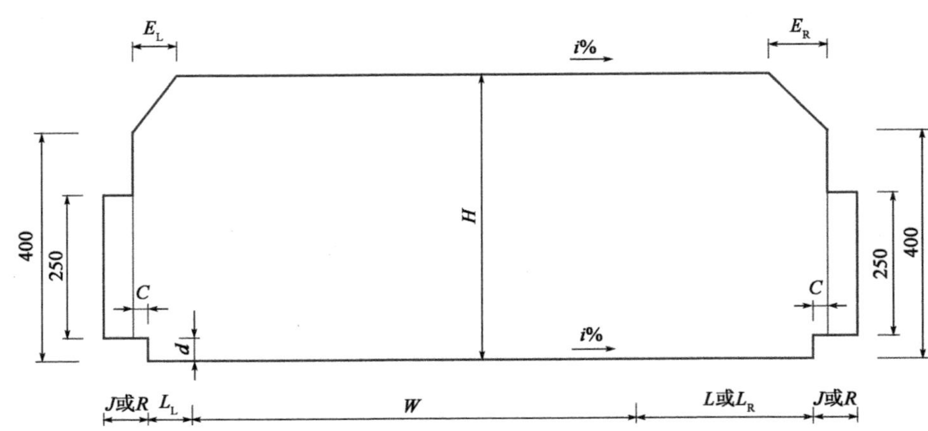

图 5.4.3 公路隧道建筑限界(尺寸单位:cm)

H-建筑限界高度;*W*-行车道宽度;L_L-左侧侧向宽度;L_R-右侧侧向宽度;*L*-硬路肩宽度;*C*-余宽;*J*-检修道宽度;*R*-人行道宽度;*d*-检修道或人行道的宽度;E_L-建筑限界左顶角宽度,包含余宽 *C*;E_R-建筑限界右顶角宽度,包含余宽 *C*

表 5.4.5 硬路肩宽度

设计速度(km/h)	高速公路、一级公路				二级公路、三级公路、四级公路		
	120	100	80	60	80	60	40 及以下
宽度(m)	3.00(3.50)	3.00	2.50	2.50	1.50	0.75	—
注:设计速度为 120km/h 的四车道高速公路,采用 3.50m 的右侧硬路肩;六车道、八车道高速公路,采用 3.00m 的右侧硬路肩。							

5.4.6 特长隧道宜设置人员疏散通道以提高救援逃生能力,净宽度不小于 2.0m,净高度不小于 2.5m。

5.4.7 对向行车通道之间设人员疏散通道时,行车方向左侧可不设检修道。

5.4.8 隧道采用横向通风、半横向通风或重点排烟时,应设置独立的通风排烟通道,通道断面面积满足通风排烟要求。

5.4.9 隧道应在行车孔一侧或两侧的侧向宽度内设置排水沟。

5.5 横通道

5.5.1 对向行车通道之间、行车通道与辅助通道之间应根据隧道长度、防灾救援需求,设置人行横通道及车行横通道。

5.5.2 人行横通道要求如下:

1 限界宽度不应小于 2.0m,限界高度不应小于 2.5m。

2 设置间距宜为 250m,并不应大于 350m。

5.5.3 车行横通道要求如下:

1 限界宽度不宜小于 6.0m,限界高度应与行车道限界高度一致。

2 设置间距宜为 750m,并不应大于 1000m;中、短隧道可不设置。

5.6 洞口与设备用房

5.6.1 隧道洞口到永久岸坡坡脚的距离应考虑以下因素，并不宜小于 50m：

1 接线工程。

2 工程地质及水文条件。

3 堤坝安全。

4 生态及环境的要求。

5 洞口覆土厚度等。

5.6.2 地下设备用房宜与主体结构合设。

5.6.3 隧道接地点、通风口、地面疏散通道口及地面设备用房等，防洪高程应高出设计洪水位 0.5m 以上，当不满足时应采取防淹措施。

5.6.4 设计洪水位频率可按表 5.6.4 取值，当观测洪水位高于频率标准洪水位值时，应按观测洪水位设计。

表 5.6.4 隧道设计水位的洪水频率标准

隧道类别	洪水频率			
	高速公路、一级公路	二级公路	三级公路	四级公路
特长隧道	1/100	1/100	1/50	1/50
长隧道	1/100	1/50	1/50	1/25
中、短隧道	1/100	1/50	1/25	1/25

5.6.5 长、特长隧道宜设管理中心，选址应符合规划要求，并有利于对隧道进行维护管理。

5.6.6 地下供配电用房应设在排水通畅处，不应设置在隧道纵断面的最低点。

5.6.7 长、特长隧道洞口宜设置减光设施，长度取值应根据环境条件、洞口方位和设计速度而定。

5.7 施工筹划

5.7.1 围堰仓段布置和施工时序应满足水利、通航、环保、工期、便于施工等要求。

5.7.2 围堰与基坑之间应设置运输通道及施工便道，宽度满足材料运输及施工要求。

5.7.3 应通过试验、工程类比等手段，综合确定隧道开挖土方利用方案，并满足以下要求：

1 尽量利用隧道开挖土方，减少弃土。

2 根据开挖土方特性可用于结构回填、路基填筑或地形整治等。

6 主体结构

6.1 一般规定

6.1.1 主体结构设计应根据工程勘察成果及埋置深度、结构宽度、工程沿线建设条件、环境和社会效益，按照理论计算为主、工程类比相结合的原则选择结构形式、确定结构参数。

6.1.2 宜采用普通钢筋混凝土结构。宜采用现浇法实施；部分可更换、修复构件可采用工厂或现场预制。

6.1.3 主体结构设计宜采用以概率理论为基础、以分项系数表达的极限状态设计方法。主体结构承载能力极限状态和正常使用极限状态的计算或验算应符合现行《工程结构通用规范》(GB 55001)和《公路工程结构可靠性设计统一标准》(JTG 2120)的规定。

6.1.4 主体结构安全等级划分应符合表 6.1.4 的规定。

表 6.1.4 主体结构安全等级的划分

类别	主体结构			
	特长隧道	长隧道	中隧道	短隧道
高速公路、一级公路、二级公路	一级	一级	一级	一级
三级公路	一级	一级	一级	二级
四级公路	一级	一级	二级	二级

6.1.5 主体结构设计使用年限不应低于 100 年；可更换、修复构件(包括隧道内路边沟、电缆沟槽、盖板、防撞侧石等)设计使用年限不应低于 30 年。

6.1.6 主体结构设计应区分下列设计状况：

1 持久设计状况，适用于主体结构正常使用情况。

2 短暂设计状况，适用于主体结构施工和维修等临时情况。

3 偶然设计状况，适用于主体结构遭受沉船、锚击、火灾、爆炸、车辆撞击等异常情况。

4 地震设计状况，适用于主体结构遭受地震时的情况，在抗震设防地区必须考虑地震设计状况。

6.1.7 主体结构设计选定的设计状况，应涵盖施工和使用过程中的各种不利情况。各种设计状况均应进行承载能力极限状态设计，持久设计状况尚应进行正常使用极限状态设计。

6.1.8 对每种设计状况，均应考虑各种不同的作用组合，以确定作用控制工况和最不利的效应设计值。

6.1.9 应根据设计使用年限、构件位置、环境条件等，按现行《公路工程混凝土结构耐久性设计规范》(JTG/T 3310)进行主体结构耐久性设计。

6.1.10 主体结构的耐火极限应符合现行《建筑设计防火规范》(GB 50016)的规定。

6.1.11 应同步进行预留预埋孔洞及构造设计，并合理考虑施工工艺等要求。

6.2 作用和作用组合

6.2.1 隧道结构上的作用应按表 6.2.1 进行分类。

表 6.2.1 隧道结构上的作用分类

作用分类		作用名称
永久作用		结构自重
		土压力
		静水压力
		结构上部和侧面影响范围内的设施及建(构)筑物压力
		结构附加恒载(固定设备、电缆重量)
		混凝土收缩及徐变作用
		放坡开挖段侧墙负摩阻力
		地基不均匀沉降影响力
可变作用	基本可变作用	隧道内车辆及其动力作用
		隧道内人群荷载
		风机等设备产生的荷载
	其他可变作用	变动水、土压力
		温度作用
		冻胀力
		施工荷载
偶然作用		沉船、锚击荷载
		车辆撞击荷载
		爆炸荷载
		火灾作用
地震作用		地震作用

注 1: 设计中要求考虑的其他作用,可根据其性质分别列入上述三类作用中。
注 2: 土压力根据设计回填面计算确定,静水压力根据历史观测记录的常水位计算确定。
注 3: 结构上部和侧面影响范围内的设施及建筑物压力指设施和建筑物压力考虑应力扩散后仍作用在隧道结构上的情况。
注 4: 变动水压力指最高、最低水位与常水位之差产生的作用,最高、最低水位可根据隧道设计工作年限内可能出现的极端情况确定;变动土压力指实际覆土与设计回填面之间的差异,需考虑回淤、清淤等影响。
注 5: 施工荷载指隧道施工过程中堆场、运输、吊装产生的作用的影响。
注 6: 表中所列作用本节未加说明者,可按有关现行规范或根据实际情况确定。

6.2.2 永久作用标准值应符合下列规定:

1 结构自重应根据结构设计尺寸及材料重度标准值计算。

2 垂直土压力应按计算点以上全部覆土重量考虑。

3 使用阶段水平土压力应按静止土压力计算，采用水土分算。静止土压力系数 k_0 可由试验确定，当无试验条件时，砂土、粉性土可按 $k_0=1-\sin\varphi'_k$，黏性土可按 $k_0=0.95-\sin\varphi'_k$ 估算。

4 施工阶段水平土压力宜按水土分算原则考虑，采用朗肯土压力公式计算。

5 采用水土分算时，水压力应为计算点水头与水重度的乘积，作用方向垂直于结构表面。

6 结构上部和侧面影响范围内的设施及建（构）筑物压力宜按主体结构设计工作年限内的规划确定。

7 结构附加恒载（固定设备、电缆重量）应根据实际情况确定。

8 混凝土收缩及徐变作用应按照现行《公路桥涵设计通用规范》（JTG D60）的有关规定计算。

9 放坡开挖段侧墙负摩阻力为侧墙受到的侧向土压乘以土与侧墙之间的摩擦系数。

10 地基不均匀沉降影响力应根据地基刚度变化情况考虑。

6.2.3 可变作用的标准值可按下列规定计算：

1 地面超载应根据实际情况分析取值，一般条件下可取 $20kN/m^2$。

2 隧道内常规车辆及其动力作用应按照现行《公路桥涵设计通用规范》（JTG D60）的有关规定计算。

3 人群荷载应根据人流量估算等效为均布荷载，一般条件下可取 $4.0kN/m^2$。

4 风机等设备产生的荷载宜按下列规定计算：

1） 射流风机对隧道结构的动力作用应按其静止重量的 1.5 倍取值，同时应考虑承载风机的结构构件、预埋件等应能承受其静止重量 15 倍的试验荷载；

2） 轴流风机对隧道结构的动力作用宜按照有关规范计算或由厂家提供参数确定。

5 变形受约束的结构，应考虑温度变化的影响。温度变化的取值宜根据各地实际情况选取，作用效应计算可按现行《公路桥涵设计通用规范》（JTG D60）的有关规定计算。

6 对出露结构（如风井等）受到的风、水流作用，可参照现行《公路桥涵设计通用规范》（JTG D60）及《建筑结构荷载规范》（GB 50009）的有关规定确定。

7 当隧道埋深小于场地冻结深度时，应考虑冻胀力对结构的影响，可参照现行《建筑地基基础设计规范》（GB 50007）和《公路隧道设计细则》（JTG/T D70）的有关规定确定。

6.2.4 偶然作用可按下列规定计算：

1 车辆撞击荷载可参照现行《公路桥涵设计通用规范》（JTG D60）的有关规定确定。

2 沉船、锚击、爆炸等灾害性荷载应进行专项分析确定，爆炸和火灾工况尚应考虑高温环境下，钢筋混凝土结构损伤。

6.2.5 进行承载能力极限状态设计时采用的作用组合，应符合下列规定：

1 基本组合，用于持久设计状况和短暂设计状况。

2 偶然组合，用于偶然设计状况。

3 地震组合，用于地震设计状况。

4 作用组合应为可能同时出现的作用的组合。

5 每个作用组合中应包括一个主导可变作用或一个偶然作用或一个地震作用。

6 当静力平衡等极限状态设计对永久作用的位置和大小很敏感时，该永久作用的有利部分和不利部分应作为单独作用分别考虑。

7 当一种作用产生的几种效应非完全相关时，应降低有利效应的分项系数取值。

6.2.6 进行正常使用极限状态设计时采用的作用组合，应符合下列规定：

1 标准组合，用于不可逆的正常使用极限状态设计。

2 频遇组合，用于可逆的正常使用极限状态设计。

3 准永久组合，用于长期效应是决定性因素的正常使用极限状态设计。

6.2.7 主体结构作用组合的效应设计值，应将所考虑的各种作用同时加载于结构后，再通过分析计算确定。

6.2.8 当作用组合的效应设计值简化为单个作用效应的组合时，作用与作用效应应满足线性关系。

6.2.9 主体结构按承载能力极限状态设计时，应符合下列要求：

1 结构或构件的破坏或过度变形的承载能力极限状态设计，应符合式(6.2.9-1)的要求：

$$\gamma_0 S_d \leqslant R_d \tag{6.2.9-1}$$

式中：γ_0——结构重要性系数，对持久设计状况和短暂设计状况，安全等级为一级、二级、三级时分别取1.1、1.0、0.9，对偶然设计状况和地震设计状况取1.0；

S_d——作用组合的效应设计值；

R_d——结构或结构构件的抗力设计值，应按现行《混凝土结构设计规范》(GB 50010)及《公路钢筋混凝土及预应力混凝土桥涵设计规范》(JTG 3362)的有关规定确定。

2 对持久设计状况和短暂设计状况，应采用作用的基本组合，基本组合的效应设计值可按式(6.2.9-2)确定；当作用与作用效应满足线性关系时，基本组合的效应设计值可按各作用效应代数相加计算。

$$S_d = S\left(\sum_{i\geqslant 1}\gamma_{G_i} G_{ik} + \gamma_{Q_1}\gamma_{L_1} Q_{1k} + \sum_{j>1}\gamma_{Q_j}\psi_{cj}\gamma_{L_j} Q_{jk}\right) \tag{6.2.9-2}$$

式中：$S(\ )$——作用组合的效应函数；

G_{ik}——第 i 个永久作用的标准值；

Q_{1k}——第1个可变作用(主导可变作用)的标准值；

Q_{jk}——第 j 个可变作用的标准值；

γ_{Gi}——第 i 个永久作用的分项系数，按表6.2.9取值；

γ_{Q_1}——第1个可变作用(主导可变作用)的分项系数，当作用效应对结构承载力不利时取1.40，当作用效应对结构承载力有利时取0；

γ_{Q_j}——第 j 个可变作用的分项系数，汽车荷载、人群荷载的分项系数按现行《公路桥涵设计通用规范》(JTG D60)的有关规定取值，风作用的分项系数按照现行《建筑结构作用规范》(GB 50009)的有关规定取值，其余作用的分项系数：当可变作用效应对结构不利时取1.40，当可变作用效应对结构有利时取0；

γ_{L_1}、γ_{L_j}——第1个和第 j 个考虑结构设计使用年限的荷载调整系数，当确定可变作用的设计基准期与结构设计使用年限相同时取1.0，不同时应根据作用分布特征进行调整；

ψ_{cj}——第 j 个可变作用的组合值系数。

表 6.2.9　公路堰筑隧道主体结构永久作用的分项系数

作用分类	当作用效应对结构的承载力不利时	当作用效应对结构的承载力有利时
结构自重	1.2	1.0
垂直土压力	1.2	
水平土压力	1.4	
水压力	1.2	
结构上部和侧面影响范围内的设施及建(构)筑物压力	1.2	
结构附加恒载(固定设备、电缆重量)	1.2	
混凝土收缩及徐变作用	1.0	
放坡开挖段侧墙负摩阻力	1.4	
地基不均匀沉降影响力	0.5	

3　对偶然设计状况,应采用作用的偶然组合,偶然组合的效应设计值可按式(6.2.9-3)确定;当作用与作用效应满足线性关系时,偶然组合的效应设计值可按各作用效应代数相加计算。

$$S_d = S(\sum_{i\geqslant 1} G_{ik} + A_d + (\psi_{f_1} 或 \psi_{q_1})Q_{1k} + \sum_{j>1}\psi_{q_j} Q_{jk}) \tag{6.2.9-3}$$

式中:A_d——偶然作用设计值;

ψ_{f_1}——第 1 个可变作用的频遇值系数,按现行《公路桥涵设计通用规范》(JTG D60)的有关规定取值;

ψ_{q_1}、ψ_{q_j}——第 1 个和第 j 个可变作用的准永久值系数,按现行《公路桥涵设计通用规范》(JTG D60)的有关规定取值。

6.2.10　隧道结构按正常使用极限状态设计时,应符合下列要求:

1　隧道结构按正常使用极限状态设计时,应符合式(6.2.10-1)的要求。

$$S_d \leqslant C \tag{6.2.10-1}$$

式中:C——结构或结构构件达到正常使用要求的规定限值,例如变形、裂缝等的限值。

2　对于不可逆的正常使用极限状态设计,应采用作用的标准组合,标准组合的效应设计值可按式(6.2.10-2)确定;当作用与作用效应满足线性关系时,标准组合的效应设计值可按各作用效应代数相加计算。

$$S_d = S(\sum_{i\geqslant 1} G_{ik} + Q_{1k} + \sum_{j>1}\psi_{cj} Q_{jk}) \tag{6.2.10-2}$$

3　对于可逆的正常使用极限状态设计,应采用作用的频遇组合,频遇组合的效应设计值可按式(6.2.10-3)确定;当作用与作用效应满足线性关系时,频遇组合的效应设计值可按各作用效应代数相加计算。

$$S_d = S(\sum_{i\geqslant 1} G_{ik} + \psi_{f_1} Q_{1k} + \sum_{j>1}\psi_{q_j} Q_{jk}) \tag{6.2.10-3}$$

4　对于长期效应是决定性因素的正常使用极限状态设计,应采用作用的准永久组合,准永久组合的效应设计值可按式(6.2.10-4)确定;当作用与作用效应满足线性关系时,准永久组合的效应设计值可按各作用效应代数相加计算。

$$S_d = S(\sum_{i\geqslant 1} G_{ik} + \sum_{j\geqslant 1}\psi_{q_j} Q_{jk}) \tag{6.2.10-4}$$

6.3 结构计算

6.3.1 主体结构内力和变形、裂缝等计算或验算及构造应符合现行《混凝土结构设计规范》(GB 50010)的规定。

6.3.2 标准横断面内力计算应根据覆土厚度、水位高度、地面超载分布等因素分段进行计算,并符合下列规定:

1 宜采用平面应变模型进行计算。

2 宜采用荷载-结构法,以支承弹簧模拟基底反力或桩基。

3 应按照围护结构与主体结构之间的构造形式和结合情况,选用与其受力特征相符的计算模型。

6.3.3 遇到下列情况时,宜按空间受力进行计算:

1 主体结构形式变化较大处。

2 主体结构局部荷载较大处。

3 与主体结构合设的附属设备用房处。

4 其他空间受力作用明显处。

6.3.4 主体结构上重大设备预埋件、尺寸较大的预留孔洞壁龛等应进行局部结构计算。

6.3.5 可更换、修复构件宜根据受力特征进行计算。

6.3.6 主体结构、附属设备用房结构受弯部位或构件的最大挠度应按作用的准永久组合,并考虑长期作用的影响进行计算,其计算值不应超过表 6.3.6 规定的挠度限值。

表 6.3.6 隧道钢筋混凝土结构受弯部位或构件挠度限值

构件类型		挠度限值
顶板(梁)、底板(梁)、楼板(梁)及楼梯构件等	当 $L_0 \leqslant 7\text{m}$ 时	$L_0/200$
	当 $7\text{m} < L_0 \leqslant 9\text{m}$ 时	$L_0/250$
	当 $L_0 > 9\text{m}$ 时	$L_0/300$

注 1:表中 L_0 为构件的计算跨度。

注 2:当 L_0 不小于构件长度时,宜在构件制作时预先起拱,验算时可将计算所得的挠度值减去起拱值,但起拱度需在设计文件中明确。

6.3.7 主体结构的裂缝控制等级宜按三级设计,最大裂缝宽度按现行《混凝土结构设计规范》(GB 50010)的有关规定计算。一般环境中,隧道结构裂缝宽度应符合表 6.3.7 的规定。其他环境中裂缝宽度限值尚应符合现行《公路工程混凝土结构耐久性设计规范》(JTG/T 3310)的有关规定。

表 6.3.7 一般环境中隧道钢筋混凝土结构最大裂缝宽度限值

构件类型	最大裂缝宽度限值
临土(水)构件	0.2mm
其他构件	0.3mm

注 1:当保护层的实际厚度大于 30mm 时,裂缝宽度验算时的保护层厚度可取 30mm。

注 2:其他构件是指内部构件。

6.3.8 主体结构在施工和使用阶段应按式(6.3.8-1)和式(6.3.8-2)进行抗浮验算。

$$F_f \leqslant \frac{G_k}{\gamma_f} + NR_{td} \tag{6.3.8-1}$$

$$F_f = \gamma_b \gamma_w V \tag{6.3.8-2}$$

式中:F_f——浮力设计值(kN);

G_k——隧道自重及其上作用的永久作用标准值之和(kN),隧道排开水体积 V 范围内采用总重度,其余采用有效重度;

γ_f——抗浮分项系数,施工阶段当底板泄水孔封堵后取为 1.05;使用阶段不考虑结构与土体之间摩阻力时取为 1.05,考虑结构与土体之间摩阻力时取为 1.10;

N——抗拔桩数量;

R_{td}——单桩抗拔承载力容许值(kN),按本指南 10.4 节的有关规定计算;

γ_b——浮力作用分项系数,施工阶段当底板设泄水孔时取为 0,其余情况取为 1.0;

γ_w——水的重度(kN/m^3);

V——隧道排开水的体积(m^3)。

6.3.9 在施工阶段,应采取有效的抗浮措施。宜在隧道结构底板设置泄水孔,隧道覆土回填压实后方可封孔;泄水孔封孔前,可不考虑结构抗浮验算。

6.4 结构构造

6.4.1 主体结构断面宜采用整体式断面,根据隧道功能和受力要求可采用矩形、折板拱、空箱等形式。

6.4.2 隧道敞开段主体结构端墙、侧墙高于地面部分应符合下列规定:

1 端墙、侧墙出地面高度应满足防洪要求和防水层设置要求,墙顶高于设计洪水位不宜小于 0.5m。

2 当端墙、侧墙外侧设有道路时,端墙、侧墙高于地面部分应满足道路防撞要求,并符合交通安全设施设计的有关规定。

3 端墙、侧墙出地面高度应满足防坠落要求,防坠落高度不应低于 1.1m,当端墙、侧墙出地面高度不足时,可设置护栏。

6.4.3 主体结构变形缝设置应符合下列规定:

1 间距应根据地层条件、结构形式、荷载作用、材料性质和温度变化等因素确定。

2 应避开附属设备用房等防水等级为一级的结构段。

3 宜避开主体结构形式变化处、荷载变化较大处。

6.4.4 应根据受力情况、施工工艺、混凝土收缩、环境温度等设置主体结构施工缝。

6.4.5 应采取工程技术措施控制结构总沉降及不均匀沉降。

6.4.6 主体结构构件中受力钢筋的混凝土保护层厚度不应小于钢筋的公称直径,最外层钢筋的混凝土保护层最小厚度应符合表 6.4.6 的规定。

表 6.4.6 隧道主体结构混凝土保护层的最小厚度

<table>
<tr><th colspan="3">结构类别</th><th>混凝土保护层的最小厚度(mm)</th></tr>
<tr><td colspan="2" rowspan="2">顶、底板(梁)、侧墙、壁柱</td><td>迎土/水面</td><td>45</td></tr>
<tr><td>背土/水面</td><td>35</td></tr>
<tr><td rowspan="4">叠合墙</td><td rowspan="2">地下连续墙</td><td>迎土/水面</td><td>70</td></tr>
<tr><td>背土/水面</td><td>50</td></tr>
<tr><td rowspan="2">内衬墙</td><td>迎土/水面</td><td>30</td></tr>
<tr><td>背土/水面</td><td>35</td></tr>
<tr><td rowspan="4">复合墙</td><td rowspan="2">地下连续墙</td><td>迎土/水面</td><td>70</td></tr>
<tr><td>背土/水面</td><td>70</td></tr>
<tr><td rowspan="2">侧墙</td><td>迎土/水面</td><td>45</td></tr>
<tr><td>背土/水面</td><td>35</td></tr>
<tr><td colspan="2">中板(梁)、中间柱</td><td>—</td><td>30</td></tr>
<tr><td colspan="4">注:在保护层内配置防裂、防剥落的钢筋网片时,网片钢筋的保护层最小厚度为 25mm。</td></tr>
</table>

6.4.7 钢筋的锚固与连接应符合现行《混凝土结构设计规范》(GB 50010)的有关规定,并应符合下列规定:

1 主体结构顶板与侧墙、底板与侧墙、顶板与隔墙、底板与隔墙的主筋应互相锚固,锚固长度不应小于抗震锚固长度 L_{aE}。

2 主体结构横向主筋宜采用机械连接或焊接。

6.4.8 主体结构按单向板计算时,板跨厚比不宜大于 30。

6.4.9 主体结构板、墙宜采用双层双向配筋,隧道横向配筋率不宜小于 0.2%,横向受拉侧配筋率不宜高于 1.5%;隧道纵向分布钢筋配筋率不宜小于 0.2%;当变形缝间距较大时,宜适当增加纵向配筋率;双层钢筋网之间宜采用拉结筋连接,拉结筋直径不宜小于 8mm,间距不宜大于 500mm。

6.4.10 当隧道主体结构受剪承载力不满足要求时,应根据内力计算结果设置抗剪钢筋。

6.4.11 混凝土板、墙上预留孔洞或壁龛应根据孔洞或壁龛的大小进行不同程度的补强设计,补强构造应符合国家建筑标准设计图集《混凝土结构施工图平面整体表示方法制图规则和构造详图》(16G101)的有关规定。

6.4.12 主体结构宜采用同一强度等级的混凝土,混凝土强度等级、配合比(水胶比、胶凝材料和矿物掺合料用量)、氯离子含量、碱含量与硫酸盐含量等耐久性指标应符合现行《公路工程混凝土结构耐久性设计规范》(JTG/T 3310)中的有关规定。

7 防水与排水

7.1 一般规定

7.1.1 隧道宜采用“以混凝土结构自防水为根本、以接缝防水为重点、辅以柔性外包防水层”的综合防水体系。

7.1.2 变电所、通风机房等机电设备集中区与有种植要求的顶板防水等级应为一级，隧道其余部位防水等级应为二级，不同防水等级对应的防水标准应符合现行《地下工程防水技术规范》(GB 50108)的规定。

7.1.3 隧道结构的防水设防要求，应根据使用功能、设计使用年限、水文地质、结构形式、环境条件、施工方法及材料性能等因素确定。隧道主体结构设防要求应按表7.1.3选用。

表7.1.3 堰筑隧道主体结构防水设防要求

工程部位	防水措施	设防要求
主体结构	防水混凝土	应选
	防水卷材	至少选一种
	防水涂料	
	防水砂浆	可选
施工缝	中埋式止水带	应选
	遇水膨胀止水胶(条)	宜选一种
	预埋注浆管	
	水泥基渗透结晶型防水涂料	可选
	外涂(加强)防水涂料	可选一种
	外贴(加强)防水卷材	
后浇带	补偿收缩混凝土	应选
	外贴式止水带	至少选一种
	中埋式止水带	
	遇水膨胀止水胶(条)	宜选一种
	预埋注浆管	
	外涂(加强)防水涂料	可选一种
	外贴(加强)防水卷材	
变形缝	中埋式止水带	应选
	可卸式止水带	至少选一种
	外贴式止水带	
	防水密封材料	
	外涂(加强)防水涂料	宜选一种
	外贴(加强)防水卷材	
注:一级防水等级的主体结构外包防水层在防水卷材、防水涂料、防水砂浆至少选两种。		

7.1.4　隧道应设置独立的排水系统，排除雨水、渗漏水、清洗废水和消防废水等。

7.1.5　排水应分类集中，就近排放，采用高水高排、低水低排、互不连通的系统。

7.1.6　接地点外宜设置横向截水措施，阻止隧道范围外道路路面水流入隧道。

7.2　结构自防水

7.2.1　隧道防水混凝土设计抗渗等级应符合表 7.2.1 的规定，试配混凝土的抗渗等级应比设计要求提高一级。

表 7.2.1　防水混凝土设计抗渗等级

工程埋置深度 H(m)	设计抗渗等级
H<20	P8
20≤H<30	P10
H≥30	P12
注：H-工程埋置深度，指设计水位至底板底的深度。	

7.2.2　底板的混凝土垫层，强度等级不应小于 C20，厚度不应小于 150mm，在软弱土层中不应小于 200mm。

7.2.3　防水混凝土应符合现行《地下工程防水技术规范》(GB 50108)、《公路工程混凝土结构耐久性设计规范》(JTG/T 3310)、《大体积混凝土施工标准》(GB 50496)的有关规定。

7.3　结构接缝及细部构造防水

7.3.1　变形缝处混凝土的厚度不应小于 300mm，变形缝最大允许变形量不宜大于 30mm，变形缝宽度宜为 15mm～25mm。

7.3.2　变形缝的防水措施应按表 7.1.3 选用，并应符合下列规定：

1　中埋式止水带宜选用钢边橡胶止水带或橡胶止水带，止水带宽度不宜小于 350mm。

2　结构底板和侧墙的迎水面可采用外贴式橡胶止水带，止水带宽度不宜小于 350mm，止水带收头应留置在高出顶板迎水面 500mm 以上，并应进行收头密封处理。

3　结构背水面防水宜选用无穿孔可卸式橡胶止水带或穿孔可卸式橡胶止水带，具体构造详见附录 B。

4　环境温度高于 50℃处的变形缝，中埋式止水带应采用金属制作。

5　橡胶止水带的形状宜符合现行《高分子防水材料　第 2 部分：止水带》(GB 18173.2)的规定，其他形状见图 7.3.2。橡胶止水带变形孔的宽度(B)宜为 30mm～50mm，高度(H)应根据结构变形量计算确定。

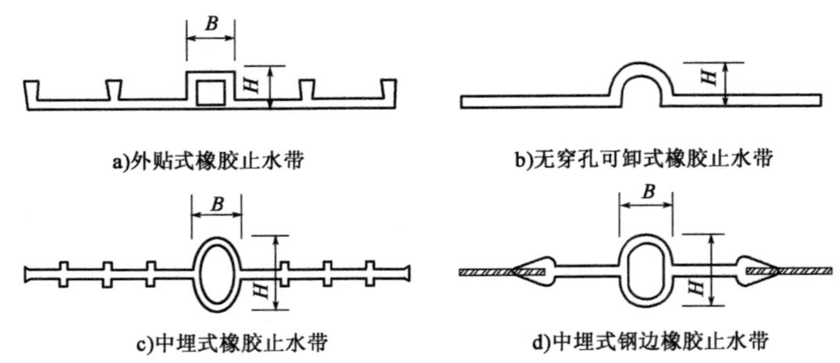

图 7.3.2 橡胶止水带常用形状

B-橡胶止水带变形孔的宽度；*H*-橡胶止水带变形孔的高度

6 变形缝用止水带的技术指标应符合现行《高分子防水材料 第 2 部分：止水带》(GB 18173.2)中 B 类产品的要求。

7.3.3 施工缝的防水措施应按表 7.1.3 选用，并应符合下列规定：

1 环向垂直施工缝中埋式止水带宜选用钢边橡胶止水带或橡胶止水带，止水带宽度不宜小于 350mm。

2 纵向水平施工缝中埋式止水带宜选用钢板止水带或自粘丁基橡胶钢板止水带，止水带应设置在施工缝缝面的中部，且止水带埋深应大于止水带宽度的一半，钢板止水带宽度不宜小于 300mm，厚度不宜小于 3mm；自粘丁基橡胶钢板止水带宽度不宜小于 250mm，厚度不宜小于 5mm，双面应涂覆丁基橡胶，单面丁基橡胶厚度不宜小于 2mm。

3 腻子型遇水膨胀止水条和遇水膨胀止水胶应设置在施工缝缝面的中部。腻子型遇水膨胀止水条的宽度和厚度均不宜小于 15mm，宜采用平行错搭的方式进行搭接，搭接长度不应小于 30mm。遇水膨胀止水胶的宽度不宜小于 10mm，厚度不宜小于 5mm。

4 预埋注浆管宜设置在施工缝缝面的中部。注浆管应与先浇混凝土基层密贴，固定间距宜为 200mm～300mm。

5 水平施工缝浇筑混凝土前，应将其表面浮浆和杂物清除，然后铺设净浆或涂刷混凝土界面处理剂、水泥基渗透结晶型防水涂料等材料，再铺 30mm～50mm 厚的 1∶1 水泥砂浆，并应及时浇筑混凝土。

6 垂直施工缝浇筑混凝土前，应将其表面清理干净，再涂刷混凝土界面处理剂或水泥基渗透结晶型防水涂料，并应及时浇筑混凝土。

7 施工缝用止水带的技术指标应符合现行《高分子防水材料 第 2 部分：止水带》(GB 18173.2)中 S 类产品的要求。

8 自粘丁基橡胶钢板止水带的技术指标应符合现行《自粘丁基橡胶钢板止水带》(T/CECS 10015)的规定。钢板止水带宜选用低碳钢制作，并镀锌处理。

9 腻子型遇水膨胀止水条的性能应符合现行《高分子防水材料 第 3 部分：遇水膨胀橡胶》(GB 18173.3)的规定；遇水膨胀止水胶的性能应符合现行《遇水膨胀止水胶》(JG/T 312)的规定。

10 预埋注浆管的性能应符合现行《混凝土接缝防水用预埋注浆管》(GB/T 31538)的规定。

7.3.4 后浇带防水构造应根据结构形式、可操作性及施工条件进行设计，并符合下列规定：

1 后浇带宽度宜为 600mm～1000mm。

2 后浇带应采用补偿收缩混凝土浇筑，其抗渗性能和抗压强度等级不应低于两侧混凝土；补偿收缩混凝土的配制及原材料的质量，应符合现行《补偿收缩混凝土应用技术规程》(JGJ/T 178)的规定。

3 混凝土结构断面内可采用自粘丁基橡胶钢板止水带、钢板止水带、预埋注浆管、遇水膨胀止水胶等防水措施。

4 混凝土结构迎水面可选用防水卷材、防水涂料等防水措施。防水卷材、防水涂料的宽度不宜小于 400mm。

7.3.5 后浇带需超前止水时，应设置临时变形缝，并应符合下列规定：

1 底板后浇带留置深度应大于底板厚度 50mm～100mm，侧墙后浇带深度与结构侧墙相同。

2 后浇带下部用于封底的混凝土厚度不应小于 200mm，配筋应经结构计算确定，混凝土强度等级同底板混凝土。

3 封底混凝土的临时变形缝宽度宜为 30mm～50mm，变形缝内防水措施应采用中埋式橡胶止水带或外贴式橡胶止水带。

4 超前止水后浇带位置可根据工程情况设置，底板超前止水后浇带应在端部做好封头。

7.3.6 结构上的穿墙管应采用预埋的方法，穿墙管的埋设应符合下列规定：

1 当埋设穿墙管部位的结构厚度小于 200mm 时，应采取局部加厚或其他防水措施。

2 穿墙管与内墙角、凹凸部位的距离不应小于 250mm。

7.3.7 预埋套管式穿墙管防水构造应符合下列规定：

1 预埋套管可采用翼环、丁基密封胶带或遇水膨胀止水胶止水。金属翼环宽度不应小于 50mm，厚度不应小于 2mm，并与套管双面满焊；丁基密封胶带宽度不应小于 20mm，厚度不应小于 2mm；遇水膨胀止水胶宽度宜为 12mm～18mm，厚度宜为 8mm～10mm；遇水膨胀止水胶应双道设置，宽度宜为 10mm～15mm，厚度宜为 5mm～8mm。

2 穿墙管与套管、套管与混凝土之间，应在内外两侧端口进行密封处理，密封材料嵌入深度不应小于 20mm，且应大于间隙的 1.5 倍；中间间隙宜采用聚氨酯泡沫填缝剂填实。

3 侧墙整体防水层应将加强层全部覆盖。

4 预埋套管式穿墙管防水构造可参见附录 B.2.1。

7.3.8 同一部位多管穿墙时，宜采用穿墙套管群盒或钢板止水穿墙套管群方法。穿墙套管群盒或钢板止水穿墙套管群应与结构钢筋焊接固定。穿墙套管群盒空腔内宜浇筑柔性密封材料或无收缩水泥基灌浆料，防水构造可参见附录 B.2.2。

7.3.9 后凿穿墙管、法兰式穿墙管的防水构造可参见附录 B.2.3 和附录 B.2.4。

7.3.10 底板降水井的防水构造可参见附录 B.2.5。

7.3.11 桩头防水设计应符合下列规定：

1 桩头顶面、侧面及桩边的混凝土垫层面，宜涂刷水泥基渗透结晶型防水涂料，宽度不应小于 150mm，厚度不应小于 1.0mm，用量不应小于 1.5kg/m^2。

2 桩头防水材料应与底板防水层连为一体。

3 桩头钢筋的根部可采用遇水膨胀止水胶密封防水，宽度不宜小于10mm。

7.3.12 底板防水层为防水卷材时，卷材应贴近桩头切割，收头采用防水涂料或密封胶密封处理。防水涂料与卷材的搭接宽度不应小于150mm，桩侧涂刷高度不得超过桩顶。

7.3.13 底板防水层为防水涂料时，桩头根部应增设同材质的防水涂料加强层。加强层的平面涂刷宽度不宜小于200mm，厚度不宜小于2.0mm，涂刷高度不应超过桩顶。

7.3.14 穿过结构顶板、底板的格构柱防水构造应符合下列规定：

1 板厚度的1/2处，格构柱的内外侧应分别设置止水钢板，止水钢板的单侧宽度不应小于50mm，钢板厚度不应小于3mm，与格构柱焊接牢固。

2 距离板背水面100mm左右的格构柱缀板部位，应设置遇水膨胀止水胶。

7.4 结构外包防水

7.4.1 涂料防水层可采用有机防水涂料或无机防水涂料，宜涂刷或喷涂于隧道结构的迎水面。防水涂料的选择应符合下列要求：

1 具有良好的耐水性、耐久性、耐腐蚀性及耐菌性。

2 环保、难燃。

3 无机防水涂料应具有良好的潮湿基面黏结性、耐磨性，有机防水涂料应具有较好的延伸性及较大适应基层变形的能力。

4 潮湿基层宜选用与潮湿基面黏结力大的防水涂料，或采用先涂无机防水涂料，而后再涂有机防水涂料的复合防水涂层。

5 低温施工时宜选用反应型涂料。

6 有腐蚀性介质的地下环境宜选用耐腐蚀性较好的有机防水涂料。

7.4.2 采用有机防水涂料时，基层阴阳角应做成圆弧形，阴角直径宜大于30mm，阳角直径宜大于10mm，在底板转角部位应增加胎体增强材料，并增涂防水涂料。

7.4.3 掺外加剂、掺合料的水泥基防水涂料厚度不得小于3.0mm，水泥基渗透结晶型防水涂料的用量不应小于1.5kg/m^2，有机防水涂料的厚度不得小于1.5mm。

7.4.4 聚氨酯防水涂料性能指标应符合现行《聚氨酯防水涂料》(GB/T 19250)中Ⅱ型的规定；聚合物水泥防水涂料性能指标应符合现行《聚合物水泥防水涂料》(GB/T 23445)中Ⅱ型或Ⅲ型的规定；非固化橡胶沥青防水涂料性能指标应符合现行《非固化橡胶沥青防水涂料》(JC/T 2428)的规定；水泥基渗透结晶型防水涂料性能指标应符合现行《水泥基渗透结晶型防水材料》(GB 18445)的规定；其他防水涂料均应符合相关国家及行业标准的规定。

7.4.5 有条件大面积施工的隧道工程，可采用喷涂型防水涂层。喷涂型防水涂层包括：喷涂聚脲防水涂层、丙烯酸盐喷膜防水涂层、喷涂型橡胶沥青防水涂层等。

7.4.6 喷涂聚脲防水涂料性能指标应符合现行《喷涂聚脲防水工程技术规程》(JGJ/T 200)中的Ⅱ型产品的规定。

7.4.7 应优先选用能与现浇混凝土直接黏结，且有良好施工性能的预铺防水卷材，其性能指标应符合现行《预铺防水卷材》(GB 23457)的规定。

7.4.8 防水卷材的品种规格和层数的选择，应根据地下工程防水等级、地下水位高低及水压力作用状况、结构构造形式和施工工艺等因素确定。

7.4.9 卷材防水层的卷材品种可按表 7.4.9-1 选用，并应符合下列规定：

1 卷材外观质量、品种规格应符合现行国家或行业标准。

2 卷材及其胶黏剂应具有良好的耐水性、耐久性、耐刺穿性、耐腐蚀性和耐菌性。

表 7.4.9-1 卷材防水层的卷材品种

类别	品种名称
高聚物改性沥青类防水卷材	弹性体(SBS)改性沥青防水卷材
	(高聚物)改性沥青聚乙烯胎防水卷材(PEE)
	聚酯胎自黏聚合物改性沥青防水卷材
	无胎体自黏橡胶沥青防水卷材
合成高分子类防水卷材	三元乙丙橡胶防水卷材
	聚氯乙烯防水卷材
	聚乙烯丙纶复合防水卷材
	高密度聚乙烯自黏胶膜防水卷材

3 不同品种卷材的厚度应符合表 7.4.9-2 的规定。

表 7.4.9-2 不同品种的卷材厚度

卷材	品种	单层厚度	双层总厚度
高聚物改性沥青类防水卷材	弹性体改性沥青防水卷材 改性沥青聚乙烯胎防水卷材	≥4mm	≥(4+3)mm
	自黏聚合物改性沥青聚酯胎防水卷材	≥3mm	≥(3+3)mm
	自黏橡胶沥青防水卷材	≥1.5mm	≥(1.5+1.5)mm
合成高分子类防水卷材	三元乙丙橡胶防水卷材	≥1.5mm	≥(1.2+1.2)mm
	聚氯乙烯防水卷材	≥1.5mm	≥(1.2+1.2)mm
	聚乙烯丙纶复合防水卷材	≥0.7mm	卷材(规定芯层厚度 0.5mm)： ≥(0.7+0.7)mm 黏结料：≥(1.3+1.3)mm
	高密度聚乙烯自黏胶膜防水卷材	≥1.2mm	—

4 粘贴各类防水卷材应采用与卷材材性相容的胶黏材料，其黏结质量应符合表 7.4.9-3 的要求。

表 7.4.9-3 防水卷材黏结质量要求

<table>
<tr><th rowspan="2">项目</th><th>剪切状态下的黏合性
（卷材-卷材）</th><th colspan="2">黏结剥离强度
（卷材-卷材）</th><th>与混凝土黏结强度
（卷材-混凝土）</th></tr>
<tr><th>标准试验条件
（N/10mm）</th><th>标准试验条件
（N/10mm）</th><th>浸水 168h 后
保持率（%）</th><th>标准试验条件
（N/10mm）</th></tr>
<tr><td>弹性体改性沥青防水卷材、改性沥青聚乙烯胎防水卷材黏合面</td><td rowspan="6">≥12 或卷材断裂</td><td>≥8</td><td rowspan="4">≥70</td><td>—</td></tr>
<tr><td>自黏聚合物改性沥青聚酯胎防水卷材黏合面</td><td rowspan="3">≥12 或卷材断裂</td><td rowspan="4">≥15 或卷材断裂</td></tr>
<tr><td>自黏橡胶沥青防水卷材</td></tr>
<tr><td>三元乙丙橡胶和聚氯乙烯防水卷材胶黏剂</td></tr>
<tr><td>合成橡胶胶黏带</td><td>—</td><td>—</td></tr>
<tr><td>高密度聚乙烯自黏胶膜防水卷材黏合面</td><td>≥12 或卷材断裂</td><td>≥80</td><td>≥20 或卷材断裂</td></tr>
</table>

7.4.10 聚乙烯丙纶复合防水卷材的性能应符合现行《高分子增强复合防水片材》(GB/T 26518)的规定。

7.5 隧道排水

7.5.1 排水量计算应符合下列规定：

1 结构渗漏水排水量宜按结构防水等级的渗漏量标准计。

2 生活污水量可按生活用水量的 90%取值。

3 隧道敞开段雨水排水设计暴雨重现期不应小于 50 年一遇；坡面集水时间 t 可按公式(7.5.1-1)计算。

$$t=1.445\left[\frac{m_1 L_s}{\sqrt{i_s}}\right]^{0.467} \tag{7.5.1-1}$$

式中：t——坡面集水时间(min)；

L_s——坡面流的长度(m)；

m_1——地表粗度系数，取 0.013；

i_s——引道段坡度。

4 隧道引道段雨水设计流量应按公式(7.5.1-2)计算：

$$Q_s=q\psi F \tag{7.5.1-2}$$

式中：Q_s——雨水设计流量(L/s)；

q——设计暴雨强度[L/(s·hm^2)]；

ψ——径流系数，混凝土、沥青路面取 0.85～0.95，绿地取 0.10～0.20；

F——汇水面积（hm^2）。

5 设计暴雨强度应按公式（7.5.1-3）计算：

$$q=\frac{167A_1(1+C\lg P)}{(T+b)^n} \tag{7.5.1-3}$$

式中：q——设计暴雨强度[$L/(s\cdot hm^2)$]；

T——降雨历时（min）；

P——设计重现期（年）；

A_1,C,b,n——参数，根据统计方法进行计算确定。

7.5.2 排水设计应符合下列规定：

1 隧道内路面应设置纵向排水沟，排水沟坡度宜与隧道纵坡一致。

2 洞口雨水泵房的设计流量，应按泵房进水管设计流量的 1.2 倍确定；泵房集水池的有效容积不宜小于设计选用的最大一台泵 5min 的出水量，并应满足水泵的安装检修要求。

3 隧道废水泵房的设计流量，应按消防水量确定；泵房集水池的有效容积不宜小于设计选用的最大一台泵 15min 的出水量，并应满足水泵的安装检修要求。

8 围堰工程

8.1 一般规定

8.1.1 围堰工程的设计工作年限不应小于基坑、主体结构施工周期。

8.1.2 围堰工程安全等级应根据其使用年限、围堰高度按表 8.1.2 确定。

表 8.1.2 围堰安全等级划分表

安全等级	设计工作年限(年)	围堰高度 H_w(m)
一级	＞3	≥10
二级	除一级、三级以外的围堰工程均属二级安全等级	
三级	＜1	＜5

注 1: 围堰工程安全等级按表中各因素分别确定的最高级别定级。
注 2: 二、三级围堰在淤泥层厚度大、流速快、波浪高等条件下,需提高一级安全等级。
注 3: 采用新型结构时,可适当提高安全等级。
注 4: 围堰高度指堰顶高程至水底的高度。确定围堰安全等级时需按最大围堰高度确定。

8.1.3 水位、风、波浪重现期及设计波高累计频率应结合安全等级、施工季节、气象复杂程度等综合确定,且应符合表 8.1.3 的规定。

表 8.1.3 围堰工程水位、风、波浪重现期

水位(年)	风(年)	波浪(年)	设计波高累计频率(%)
10～20	10～20	10～20	5

注 1: 围堰安全等级高取表中重现期高值,等级低取重现期低值。
注 2: 施工季节有利取低值,例如非汛期施工、非台风季施工等,反之取高值。

8.1.4 应根据水域宽度、水深、地质条件、基坑方案以及航运、水利、工期、环保等要求,经技术、经济综合比选,确定围堰形式和布置。

8.1.5 堰顶高程应符合下列规定:

1 不应低于设计洪水的静水位与波浪爬高及堰顶安全加高之和,波浪计算应符合现行《堤防工程设计规范》(GB 50286)的规定,堰顶安全加高值宜取 0.3m～0.7m。

2 土石围堰防渗体顶部在设计洪水的静水位以上的加高值:斜墙式防渗体宜取 0.6m～0.8m;心墙式防渗体宜取 0.3m～0.6m。

3 应考虑冰塞、冰坝水域形成的壅水高度。

4 应充分考虑堰体沉降并预留一定的沉降量。

8.1.6 当围堰迎水侧设置可靠的防浪墙时,堰顶高程可取防浪墙顶高程;堰体高程(不含防浪墙)应高出设计洪水位 0.5m 以上;防浪墙高度不宜大于 1.2m。围堰高程取值如图 8.1.6 所示。

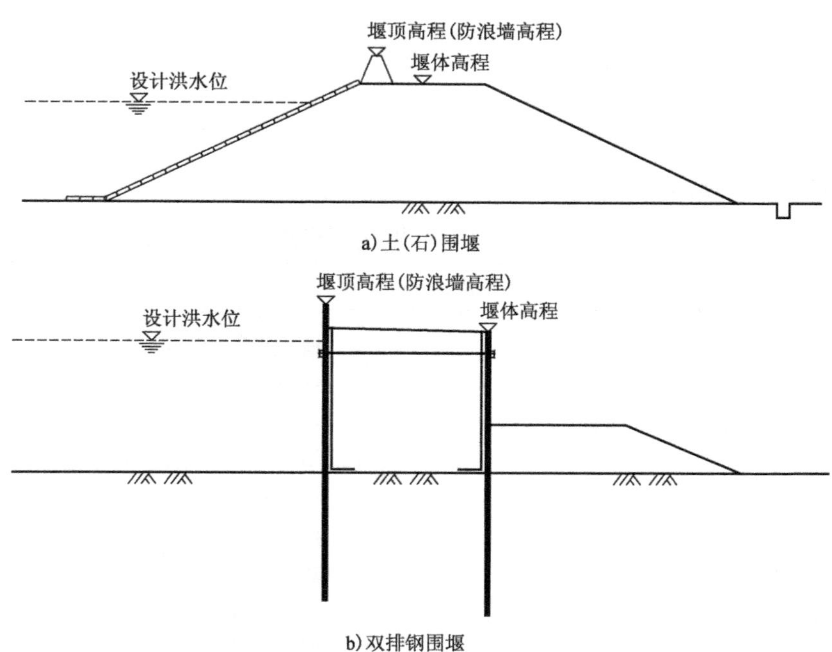

图 8.1.6 围堰高程取值

8.1.7 与永久堤防连接的首仓围堰应满足堤防工程设计要求。

8.1.8 围堰设计应进行稳定性验算;按承载能力极限状态设计计算结构时,作用基本组合的综合分项系数不应小于 1.25。安全等级为一级、二级、三级时结构重要性系数不应小于 1.1、1.0、0.9。

8.1.9 围堰上作用的分类应根据实际情况按表 8.1.9 确定。

表 8.1.9 围堰结构上作用分类

作用分类	作用名称
永久作用	结构自重
	土压力
	静水压力
可变作用	施工临时作用
	风荷载
	流水压力
	波浪力

注 1:设计中要求考虑的其他作用,可根据其性质分别列入上述二类作用中。
注 2:表中所列作用本节未加说明者,可按有关现行规范或根据实际情况确定。

8.1.10 应根据围堰高度、周边环境、地质、水文等条件划分围堰计算剖面,计算剖面按最不利工况进行平面结构计算。必要时宜采用三维空间结构模型进行计算。

8.1.11 围堰顶宽度除应满足结构稳定性要求外,尚应满足围堰施工期人、料、机的通行需求;围堰高度与宽度之比应由计算确定,宜取高度的 0.9~1.2 倍,且不宜小于 6m。

8.1.12 围堰填料宜尽量选用隧道开挖料,可根据材料特性直接或经过处理后用于围堰的不同部位填筑。

8.2 围堰选型与布置

8.2.1 围堰选型应结合地层、水深、风浪、填料来源等因素进行技术经济比选。常见围堰形式见表8.2.1,水深超过15m时应进行选型专项研究。

表8.2.1 常见围堰形式

围堰形式		适用地层	水深(m)	特点
土石围堰	均质土围堰	黏性土、砂土、卵砾石及基岩等各类地层	＜10	适用于水深较小、水流冲刷小的水域,如湖泊、小型河流等; 需有黏性土填料来源; 地基承载力要求较高,需设置单独的防渗帷幕
	土石混合围堰		10～15	适用于水深较大、有一定冲刷的水域,如季节性河流等; 需有黏性土及石料来源; 地基承载力要求较高,需设置单独的防渗帷幕
	膜袋砂围堰		5～15	水深适用范围较广,适用于有一定冲刷的水域,如近海等; 需有砂料填料来源; 地基承载力要求较高,需设置单独的防渗帷幕
钢围堰	单排钢围堰	适用于黏性土、软土;密实的砂层、卵砾石及基岩地层中施工难度较大	＜3	适用于水深小、水流小的水域,如小型湖泊; 桩体可作为防渗帷幕,对接头防渗要求高
	双排钢围堰		3～15	适用于水深范围较广、有一定冲刷的水域,如湖泊、河流或近海海域; 桩体可作为防渗帷幕,对接头防渗要求高

8.2.2 围堰仓段布置应满足以下要求:

1 围堰布置应满足水体流通、行洪及航道临时通行等需求。

2 对无法截断的水域,应合理制定围堰分仓分段施工方案,每仓围堰长度应结合工期、水面宽度、防洪等因素进行经济性比选。

8.2.3 围堰布置应满足以下要求:

1 围堰与基坑之间的宽度应能保证施工及材料运输。

2 横向围堰应避开结构变形缝、设备用房等段落,轴线与隧道轴线尽量正交。

3 纵、横向围堰及其防渗体应形成封闭体系,有效抵挡水体及地下水。

8.2.4 应合理控制围堰与基坑间净距L(图8.2.4-1和图8.2.4-2),L不宜小于2倍基坑开挖深度H_e,并满足施工需要及计算要求;当$L \leqslant 2H_e$时,宜对围堰-基坑进行耦合分析计算。

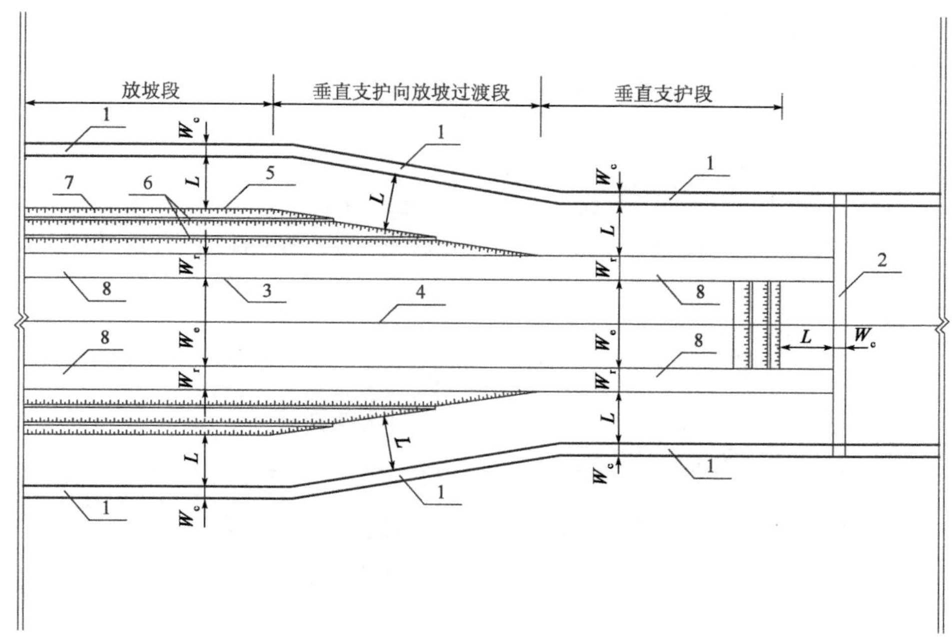

图 8.2.4-1 围堰布置平面示意图(不含施工工序)

1-纵向围堰;2-横向围堰;3-基坑边线;4-隧道中心线;5-放坡坡顶线;6-放坡平台;7-示坡线;8-施工便道;L-围堰与基坑间净距;W_c-围堰的宽度;W_r-施工便道宽度;W_e-基坑开挖宽度,即主体结构宽度和施工预留宽度之和

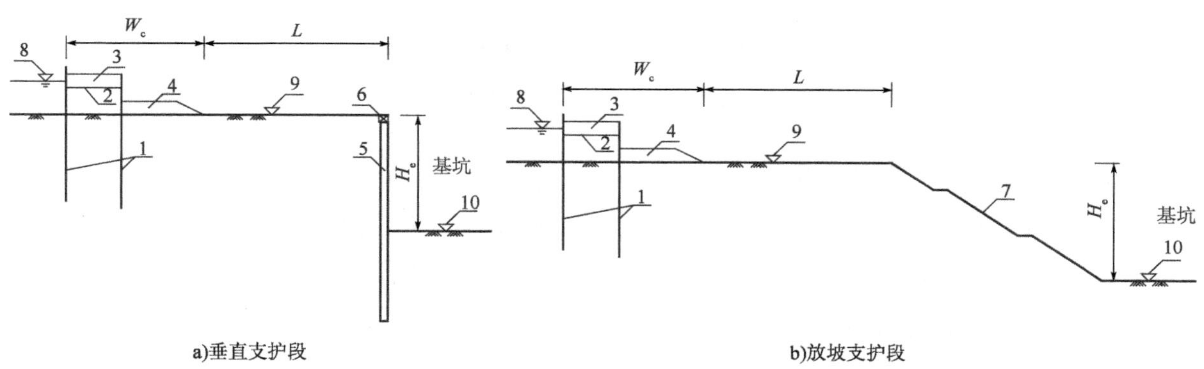

图 8.2.4-2 围堰布置横断面示意图

1-钢围堰桩体;2-钢拉杆;3-堰体填土;4-堰脚堆土;5-垂直支护挡土结构;6-冠梁;7-放坡坡面;8-水位;9-水底高程;10-基坑底高程

8.3 土石围堰

8.3.1 土石围堰包括均质土围堰、土石混合围堰、膜袋砂围堰等,构造见图 8.3.1-1、图 8.3.1-2 和图 8.3.1-3。围堰横断面结构与尺寸应经计算和技术经济比选后确定。

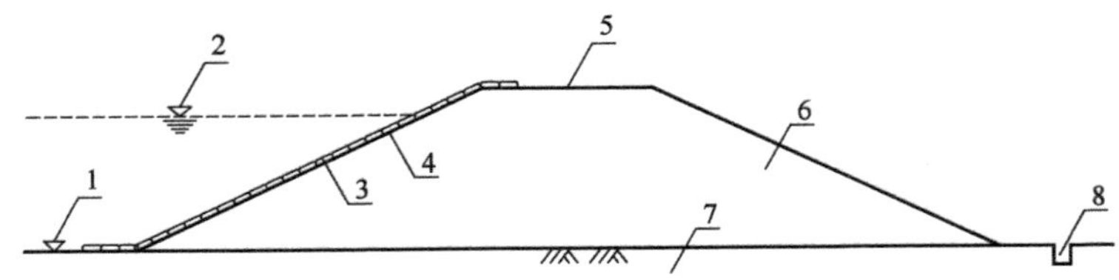

图 8.3.1-1 均质土围堰

1-水底；2-水位；3-护坡；4-防渗土工布；5-堰顶；6-堰体；7-堰基；8-临时排水沟

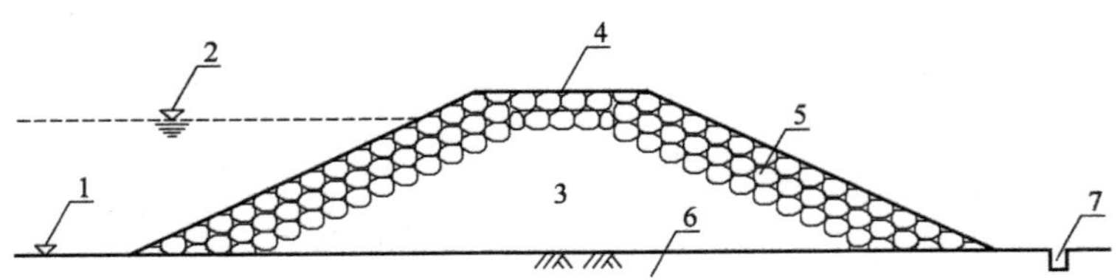

图 8.3.1-2 土石混合围堰

1-水底；2-水位；3-黏土心墙；4-堰顶；5-块石；6-堰基；7-临时排水沟

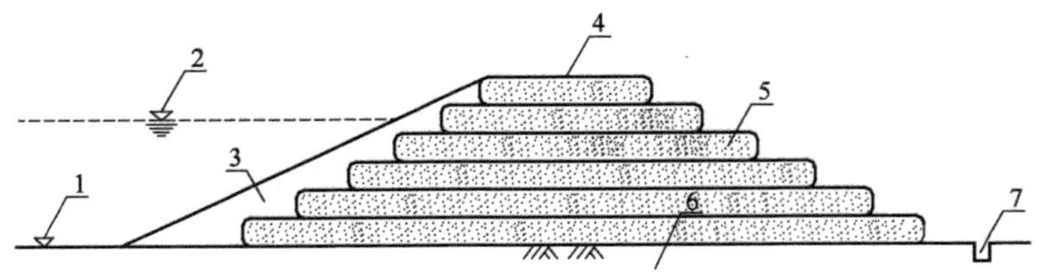

图 8.3.1-3 膜袋砂围堰

1-水底；2-水位；3-护坡(袋装土、土工布)；4-堰顶；5-膜袋砂堰体；6-堰基；7-临时排水沟

8.3.2 筑堰填料应满足以下要求：

1 土料宜选用黏粒含量为 10%～35%、塑性指数为 10～17 的黏性土，渗透系数不宜大于 1×10^{-5}cm/s，且不得含植物根茎、砖瓦垃圾等杂质；填筑土料含水率与最优含水率的允许偏差为±3%。

2 石料可采用天然砂卵石或石渣。水下部分堆石体宜采用软化系数值大于 0.7 的石料。

3 不应采用淤泥质土、冻土、杂填土、膨胀土、分散性土等作为筑堰材料。

8.3.3 堰体水上填筑时，水位以下采用压占法填筑。水位以上和干地黏性土填筑的压实度不应小于 90%。无黏性土的填筑碾压标准按相对密度确定，砂砾石的相对密度不应低于 0.75，砂的相对密度不应低于 0.70，反滤料的相对密度不应低于 0.70。

8.3.4 堰体坡率应根据填筑材料、风浪等条件经计算确定，不宜陡于 1∶2；应根据冲刷条件，选择袋装土、预制块或喷混凝土等易于安装拆卸的护面形式。

8.3.5 风浪强烈的水域，围堰临水侧护面及坡脚尚应考虑消浪及防坡脚淘刷。临水侧可采用砌石、混凝土等护坡形式，护坡与土体之间应设置垫层。

8.3.6 坡顶应设置一定的横坡，可采用单向或双向坡，坡率宜为 2%～3%。

8.3.7 坡顶、坡面应具备完善的集排水系统，坡面宜设置泄水孔。

8.3.8 围堰验算时应考虑围堰使用期可能出现的不利条件，并包括以下工况：

1 迎水侧高水位，背水侧无水。

2 背水侧抽水对堰坡稳定的不利工况。

3 水位骤降对迎水侧堰坡稳定的不利工况。

8.3.9 渗透、渗流计算应符合现行《堤防工程设计规范》(GB 50286)的规定。

8.3.10 整体稳定滑动稳定性计算宜采用圆弧滑动条分法进行验算，安全系数不应小于表 8.3.10 的规定。

表 8.3.10 稳定性验算的安全系数

验算内容	安全等级		
	一级	二级	三级
抗滑稳定性	1.35	1.3	1.25

8.4 钢围堰

8.4.1 应根据建设条件、围堰安全等级及施工要求，选择单排或双排钢围堰，构造见图 8.4.1-1 和图 8.4.1-2。

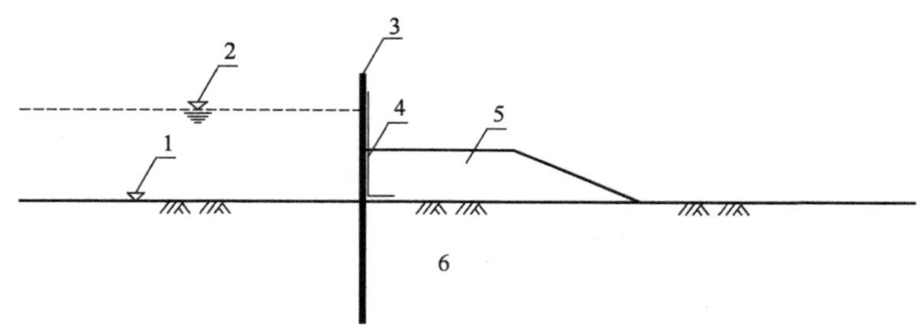

图 8.4.1-1 单排钢围堰

1-湖(河、海)底；2-水位；3-桩体；4-防渗土工布；5-堰内压土；6-堰基

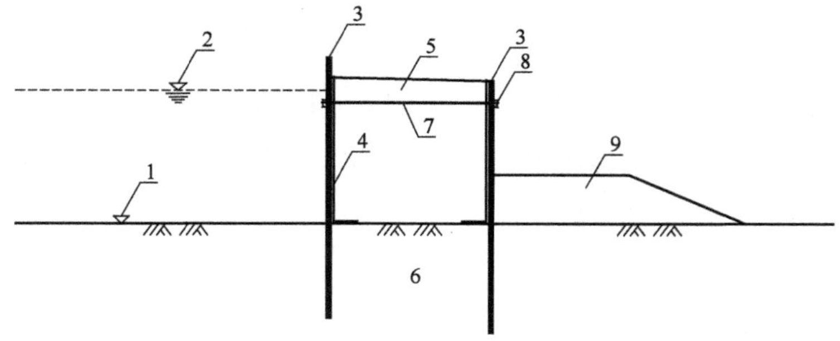

图 8.4.1-2 双排钢围堰

1-湖(河、海)底；2-水位；3-桩体；4-防渗土工布；5-堰体；6-堰基；7-钢拉杆；8-钢围檩；9-堰内压土

8.4.2 稳定性验算应符合现行《钢围堰工程技术标准》(GB/T 51295)的规定。

8.4.3 应考虑围堰施工期、使用期间可能出现的最不利条件，并包括以下工况：

1 迎水侧为低水位、背水侧无水。

2 迎水侧为高水位、背水侧无水。

8.4.4 构件强度及变形计算宜采用数值分析法：

1 桩体宜采用平面杆系结构弹性支点法进行分析，并充分考虑锁口的咬合程度、施工误差引起的刚度折减，折减系数可按 0.85 考虑。

2 拉杆应按锚拉结构计算。考虑施工荷载、不均匀受力引起拉杆轴力增大，拉杆计算时作用基本组合的综合分项系数 γ_F 取值不应小于 1.35。

3 围檩宜按以支点为支座的多跨连续梁计算。

8.4.5 桩体及锁口选型可参考本指南附录 A 的相关参数。

8.4.6 构件宜采用 B 级以上钢材，力学性能满足表 8.4.6 的要求。

表 8.4.6 钢围堰钢材力学性能

牌号	屈服强度 R_{eH} (MPa)	抗拉强度 R_m (MPa)	断后伸长率 A (%)
Q355	≥355	480～630	≥22
Q390	≥390	490～650	≥21
Q420	≥420	520～680	≥20
Q460	≥460	550～720	≥18

8.4.7 双排围堰内部填料应满足以下要求：

1 宜选用黏粒含量为 10%～35%、塑性指数为 10～17 的粉质黏土，且不得含植物根茎、砖瓦垃圾等杂质；填筑土料含水率与最优含水率的允许偏差为±3%。

2 缺乏黏性土填料时，可采用中粗砂或其他粗颗粒填料，并采取可靠的防渗措施。

3 不应采用淤泥类土、冻土、杂填土、膨胀土、分散性土等作为筑堰材料。

8.4.8 双排围堰内部填料应进行压实，压实后的填料内摩擦角宜通过试验确定。

8.4.9 锁口应连接可靠，并满足防渗要求，必要时可采取注浆截水。

8.4.10 拉杆应具有一定的延展性，并根据环境、使用年限考虑拉杆锈蚀量。

8.4.11 堰顶应设置单向 2%～3%的横坡向一侧排水，并设置封闭层防止雨水下渗。

8.4.12 在腐蚀环境下，应考虑构件磨损和侵蚀的影响，可采用预留厚度法、涂覆装法、电防腐蚀等方法。

8.5 堰基处理

8.5.1 堰基处理应满足强度、渗流、沉降变形等控制要求。

8.5.2 应探明堰基中的不良地质、暗沟、古河道等并采取处理措施。

8.5.3 堰基下淤泥宜全部或部分清除，厚度较大时可采用搅拌桩、高压旋喷桩、抛沙袋、抛石或其他可靠的处理措施。

8.5.4 填筑高度超过堰基承载力所能承受的高度时，可在堰脚设置一级或多级压载。

8.5.5 堰基下透水层应采取可靠的截渗措施，以满足渗透稳定性要求。防渗帷幕可采用悬挂式、半封闭式或封闭式等形式，封闭式防渗帷幕进入相对不透水层不应小于1.0m。

8.5.6 岩石堰基裂隙发育或有岩溶时，可采用灌浆或混凝土封堵进行防渗处理。

9 基坑工程

9.1 一般规定

9.1.1 基坑设计应综合考虑地质条件、周边环境、施工季节变化等因素，并与围堰进行统筹设计。

9.1.2 基坑工程安全等级可分为三级，按表 9.1.2 确定基坑安全等级，各指标取值参照图 9.1.2。应分期分段确定安全等级。

表 9.1.2 基坑安全等级划分表

安全等级	基坑开挖深度 H_e（m）	水头差 h（m）	与构建筑物(含围堰)的距离(m)	开挖深度内软弱土层厚度(m)
一级	>12	$\geqslant 15$	$<H_e$	$>0.3H_e$
二级	除一级、三级以外的基坑工程均属二级安全等级			
三级	<7	<10	$>2H_e$	$<0.1H_e$

注 1：基坑工程安全等级按表中各因素分别确定的最高级别定级。
注 2：基坑开挖深度指水底原始高程与基坑开挖底高程的高差；如对水底淤泥采用清淤处理，当清淤范围超出围堰以外时，可将清淤后整平高程作为基坑顶起算高程。
注 3：水头差指基坑外与基坑内地下水水头高度之差，围护结构外侧地下水含水层与围堰外水体连通且未有效隔断时，坑外水头高度需按设计洪水的静水位取值，坑内水头高度为降水后的水位。
注 4：软弱土指淤泥、淤泥质土、松散粉细砂或新近堆填土。

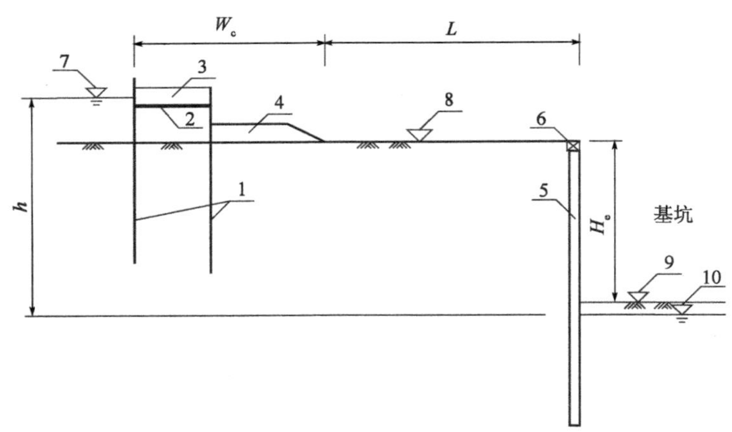

图 9.1.2 安全等级划分示意图

1-钢围堰桩体；2-钢拉杆；3-堰体填土；4-堰脚堆土；5-挡土结构；6-冠梁；7-水位；8-水底高程；9-基坑底高程；10-基坑降水水位

9.1.3 基坑支护结构上的作用分类应根据支护形式及实际情况按表 9.1.3 合理确定，作用基本组合的综合分项系数不应小于 1.25，安全等级为一级、二级、三级时结构重要性系数不应小于 1.1、1.0、0.9。

表 9.1.3 基坑支护结构的作用分类

作用分类	作用名称
永久作用	土压力
	水压力
	围堰
可变作用	材料及设备堆载
	施工车辆作用

注 1:设计中要求考虑的其他作用,可根据其性质分别列入上述二类作用中。
注 2:表中所列作用本节未加说明者,可按有关现行规范或根据实际情况确定。
注 3:需考虑基坑内外水位组合,取最不利组合设计。

9.1.4 基坑应进行稳定性验算、渗透稳定验算及结构构件计算,并符合现行《建筑基坑支护技术规程》(JGJ 120)的规定。

9.2 基坑支护选型与基坑布置

9.2.1 基坑支护形式有放坡、支撑式结构、悬臂式结构等,应根据地层、周边条件、临时堆土场地条件及开挖深度对基坑支护方案进行比选。

9.2.2 基坑应结合主体结构节段和围堰分仓进行分段布置,每个基坑段落应形成封闭的止水系统。每个基坑段落的长度不宜超过 1 个围堰仓段,并应做好纵向坡面防护。

9.2.3 施工便道布置应充分考虑基坑安全性及主体结构施工便利性,宜布置在结构两侧。采用放坡支护宜布置在坡底。

9.2.4 不同支护结构形式应顺接过渡,并保证止水可靠。

9.3 放坡

9.3.1 当场地具有放坡条件,且无不良地质作用时可采用放坡法。

9.3.2 放坡的级数、每级高度、每级坡率应由计算确定。边坡的渗流及渗透稳定计算、抗滑稳定计算应按现行《堤防工程设计规范》(GB 50286)进行。

9.3.3 土质边坡每级放坡高度不宜大于 5m,放坡坡率不宜陡于 1∶1.5。多级放坡应设置放坡平台,平台宽度不宜小于 2m。放坡开挖结构如图 9.3.3 所示。

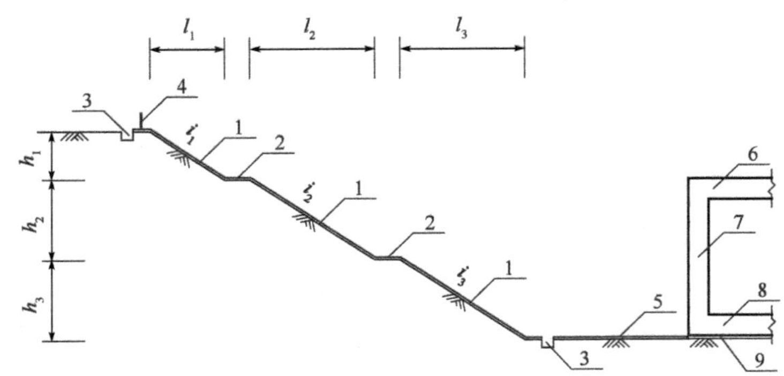

图 9.3.3 放坡开挖

1-坡面防护；2-放坡平台；3-临时排水沟；4-临时护栏；5-施工便道；6-结构顶板；7-结构侧墙；8-结构底板；9-垫层；l_1、l_2、l_3-第一、二、三级放坡宽度；h_1、h_2、h_3-第一、二、三级放坡高度；i_1、i_2、i_3-第一、二、三级放坡坡率，$i_1=h_1/l_1$，$i_2=h_2/l_2$，$i_3=h_3/l_3$

9.3.4 坡顶外应设置止水帷幕，并做好坡面防护，可采用挂网喷混凝土设置泄水孔的方式。

9.4 排桩

9.4.1 排桩支护的挡土构件可根据基坑开挖深度、地层条件选用型钢水泥土搅拌桩、混凝土灌注桩、咬合桩等形式。排桩结构如图 9.4.1-1 和图 9.4.1-2 所示。

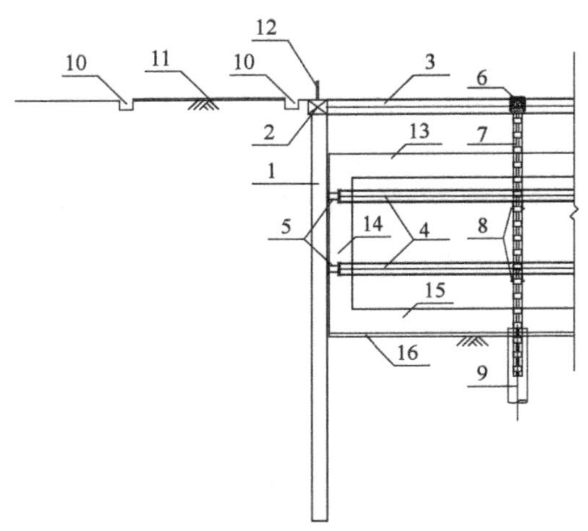

图 9.4.1-1 支撑式排桩

1-挡土构件；2-冠梁；3-内支撑（混凝土撑）；4-内支撑（钢撑）；5-（钢）连系梁；6-（混凝土）连系梁；7-立柱；8-腰梁（钢围檩）；9-立柱桩；10-临时排水沟；11-施工便道；12-临时护栏；13-结构顶板；14-结构侧墙；15-结构底板；16-垫层

9.4.2 型钢水泥土搅拌桩应相互搭接，搭接厚度不应小于 250mm。

9.4.3 混凝土灌注桩的桩身混凝土强度等级、钢筋配置应符合下列规定：

1 桩身混凝土强度等级不宜低于 C30。

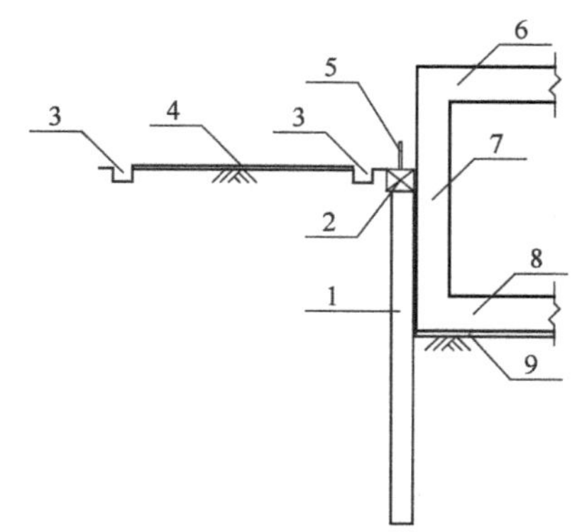

图 9.4.1-2 悬臂式排桩

1-挡土结构;2-冠梁;3-临时排水沟;4-施工便道;5-临时护栏;6-结构顶板;7-结构侧墙;8-结构底板;9-垫层

2 支护桩的纵向受力钢筋宜选用 HRB400、HRB335 级钢筋,单桩的纵向受力钢筋不宜少于 8 根,净间距不应小于 60mm;支护桩顶部设置钢筋混凝土构造冠梁时,纵向钢筋锚入冠梁的长度宜取冠梁厚度。

3 箍筋可采用螺旋式箍筋,箍筋直径不应小于纵向受力钢筋最大直径的 1/4,且不应小于 6mm;箍筋间距宜取 100mm~200mm,且不应大于 400mm 及桩的直径。

4 沿桩身配置的加强箍筋应满足钢筋笼起吊安装要求,宜选用 HRB335 级钢筋,其间距宜取 1000mm~2000mm。

9.4.4 排桩的桩间土应采取防护措施。桩间土防护措施宜采用内置钢筋网或钢丝网的喷射混凝土面层。

9.4.5 排桩采用素混凝土桩与钢筋混凝土桩间隔布置的钻孔咬合桩形式时,支护桩的桩径可取 800mm~1500mm,相邻桩咬合不宜小于 200mm。

9.5 地下连续墙

9.5.1 基坑深度较深、周边环境较复杂时,可采用地下连续墙形式,应根据地层条件、周边环境确定槽段长度;必要时宜采用搅拌桩对槽壁进行加固。

9.5.2 地下连续墙的混凝土设计强度等级宜取 C30~C35。地下连续墙用于截水时,墙体混凝土抗渗等级不宜小于 P6,槽段接头应满足截水要求。

9.5.3 地下连续墙的纵向受力钢筋应沿墙身两侧均匀配置,可按内力大小沿墙体纵向分段配置,且通长配置的纵向钢筋不应小于总数的 50%。当墙身下部仅用于隔断透水层且不承受荷载时,可用构造配筋混凝土。

9.5.4 钢筋笼两侧的端部与槽段接头之间、钢筋笼两侧的端部与相邻墙段混凝土接头面之间的间隙不宜大于 150mm,纵筋下端 500mm 长度范围内宜按 1:10 的斜度向内收口。

9.5.5 墙顶应设置混凝土冠梁,宽度不宜小于墙厚,高度不宜小于 0.6 倍墙厚。

9.5.6 当地下连续墙同时作为主体结构构件时,结构设计、防水设计、耐久性设计应同主体结构、基础要求。

9.6 重力式水泥土墙

9.6.1 放坡与排桩或地下连续墙过渡时可采用重力式水泥土墙,结构如图 9.6.1 所示。

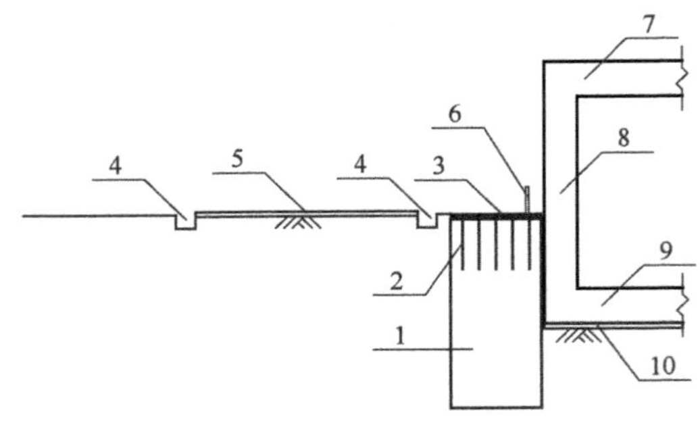

图 9.6.1 重力式水泥土墙

1-水泥土墙;2-顶部插筋;3-混凝土压顶板;4-临时排水沟;5-施工便道;6-临时护栏;7-结构顶板;8-结构侧墙;9-结构底板;10-垫层

9.6.2 水泥土墙宜采用水泥土搅拌桩相互搭接形成的格栅状结构形式(图 9.6.2),也可采用水泥土搅拌桩相互搭接成实体的结构形式。搭接宽度不宜小于 200mm。

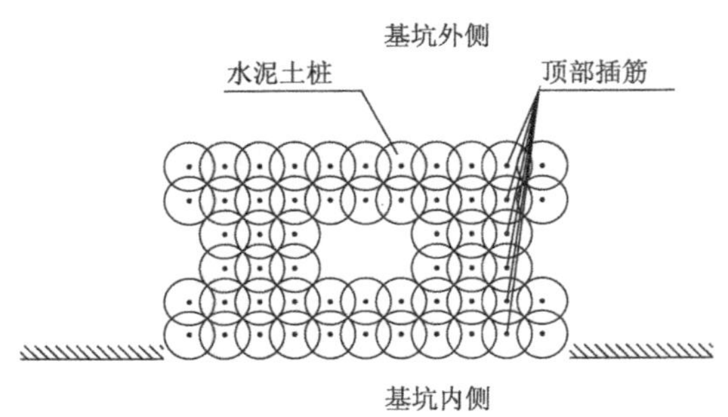

图 9.6.2 格栅式布置图

9.6.3 重力式水泥土墙的嵌固深度,对淤泥质土,不宜小于 1.2h,对淤泥,不宜小于 1.3h;重力式水泥土墙的宽度,对淤泥质土,不宜小于 0.7h,对淤泥,不宜小于 0.8h。

9.6.4 墙体 28d 无侧限抗压强度不宜小于 0.8MPa。当需要增强墙体的抗拉性能时,可在水泥土桩内插入钢筋。

9.6.5 墙顶面宜设置混凝土连接面板,面板厚度不宜小于 150mm,混凝土强度等级不宜低于 C20。

9.7 支撑系统

9.7.1 支撑系统的布置应满足以下要求:

1 标准段宜采用水平对撑的形式,对撑设置困难时可采用水平斜撑,第一道水平支撑宜采用钢筋混凝土支撑。

2 相邻支撑的间距应满足土方开挖的施工要求。采用多层水平支撑时,各层水平支撑宜布置在同一竖向平面内,层间净高不宜小于 3m,最下道支撑至基底的净高不宜小于 3m。

3　水平支撑与挡土构件之间应设置连接腰梁；当支撑设置在挡土构件顶部时，水平支撑应与冠梁连接；在腰梁或冠梁上支撑点的间距，对钢腰梁不宜大于 4m，对混凝土腰梁不宜大于 9m。

4　基坑宽度大于 20m 时宜设置临时立柱，临时立柱位置应避开主体结构的墙、梁、柱、变形缝、施工缝等。立柱桩宜与主体结构桩基结合设置。

9.7.2　混凝土支撑应符合下列规定：

1　混凝土的强度等级不应低于 C30。

2　支撑构件的截面高度不宜小于其竖向平面内计算长度的 1/20；腰梁的截面高度（水平方向）不宜小于其水平方向计算跨度的 1/10，截面宽度不应小于支撑的截面高度。

3　支撑构件的纵向钢筋直径不宜小于 16mm，沿截面周边的间距不宜大于 200mm；箍筋的直径不宜小于 8mm，间距不宜大于 250mm。

9.7.3　钢支撑应符合下列规定：

1　钢支撑构件可采用钢管、型钢及其组合截面。

2　钢支撑受压杆件的长细比不应大于 150，受拉杆件长细比不应大于 200。

3　钢支撑连接宜采用法兰连接，变形控制要求较高时可采用伺服系统。

4　当水平支撑与腰梁斜交时，腰梁上应设置牛腿或采用其他能够承受剪力的连接措施。

5　采用竖向斜撑时，腰梁和支撑基础上应设置牛腿或采用其他能够承受剪力的连接措施。腰梁与挡土构件之间应采用能够承受剪力的连接措施；斜撑基础应满足竖向承载力和水平承载力要求。

6　应采取可靠的防坠落措施。

9.7.4　立柱的构造应符合下列规定：

1　立柱可采用钢格构、钢管、型钢或钢管混凝土等形式。

2　钢立柱锚入桩内的长度不宜小于 3m。

3　立柱长细比不宜大于 25。

4　立柱与水平支撑的连接可采用铰接。

9.8　地下水控制

9.8.1　应加强地下水控制，根据工程地质条件、水文地质条件、水文条件、基坑周边环境要求及支护型式选用截水、降水、集水明排或其组合。

9.8.2　每个基坑分仓止水帷幕应形成闭合，可选用水泥土搅拌桩、高压旋喷桩、地下连续墙或咬合式排桩等形式作为止水帷幕。止水帷幕底部应进入到相对不透水层或开挖面以下一定深度。

9.8.3　降水系统的使用期应满足主体结构的施工要求，开挖过程中应始终确保地下水位低于开挖面以下 0.5m～1.0m，停止降水的时间应满足主体结构施工期的抗浮要求。

9.8.4　对基坑周边地表汇水，可采用明沟排水，沿排水沟宜每隔 30m～50m 设置一口集水井；集水井的净截面尺寸应根据排水流量确定。

9.8.5　基坑坡面渗水宜采用渗水部位插入泄水管排出。

9.9 基坑开挖与回填

9.9.1 应在支护结构构件强度达到设计允许值的100%以上时进行开挖，并符合下列规定：

1 应按分层、分段、对称、均衡、适时的原则开挖。

2 开挖时，挖土机械不得碰撞或损害已施工完成的结构构件、支撑及防水层。

3 对采用支撑的支护结构，开挖到支撑作业面后，应及时进行支撑的施工。

4 连续开挖区段的长度不宜超过1个围堰仓段，并应做好纵向坡面防护。

9.9.2 基坑开挖前，应通过施工工艺、处理工效、存土场、经济等方面的比选确定运输难度大、含水率大的淤泥处理方案。采用就地固化处理技术时，固化7d后的土体无侧限抗压强度不宜小于50kPa。

9.9.3 回填材料选择应满足以下要求：

1 宜采用黏性土、灰土、水泥土等易于压实的材料，不得含淤泥、尖锐物体、灰渣、有机物等杂质。

2 水流冲刷较大、通航水域或覆土厚度较小时，结构顶部及结构外边缘10m范围内回填可采用钢筋石笼、大块石、浆砌片石或混凝土铺砌等，并应采取可靠措施保护隧道防水层。

3 空间受限时可采用素混凝土、自密实水泥土等材料。

9.9.4 二次横向围堰内侧结构回填距离应满足式(9.9.4-1)和式(9.9.4-2)要求。回填如图9.9.4所示。

$$L_H \geqslant cH_1 \tag{9.9.4-1}$$

$$L_H + L_V \geqslant cH_2 \tag{9.9.4-2}$$

式中：L_H——结构轮廓线水平长度(m)；

c——渗径系数，回填采用黏性土时可取4～5，采用灰土、水泥土时可取3～4；

H_1——结构顶板顶计算水头(m)；

L_V——结构轮廓线垂直段长度(m)；

H_2——结构底板底计算水头(m)。

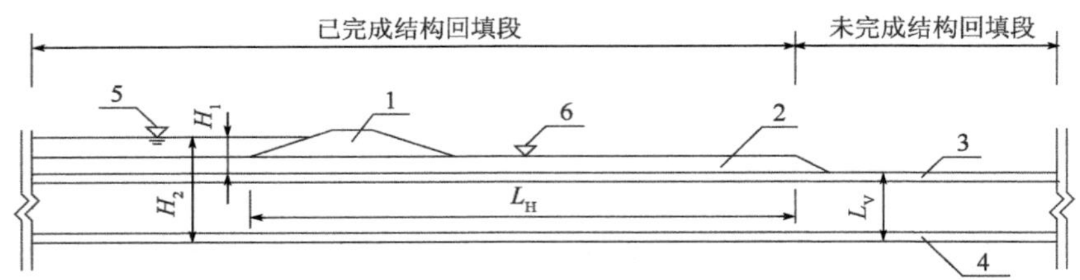

图9.9.4 二次横向围堰内侧回填距离验算

1-二次横向围堰；2-回填土；3-结构顶板；4-结构底板；5-水位；6-回填设计高程

9.9.5 回填施工应满足以下要求：

1 结构边线范围及外边缘50cm内，应采用人工夯实，其余部位可采用机械回填碾压。

2 应对称、分层回填，分层回填厚度宜为250mm～300mm。

3 回填压实度不宜小于90%，隧道结构顶以上存在堤坝、二次围堰、道路等构筑物时，应同时满足构筑物对压实度的要求。

10 地基与基础

10.1 一般规定

10.1.1 地基处理与基础设计应坚持因地制宜、就地取材、节约资源的原则。

10.1.2 隧道地基与基础设计应进行地基承载力、地基变形验算。当计算不满足要求时，宜采取复合地基、桩基础等地基处理措施。

10.2 地基计算

10.2.1 堰筑隧道应进行地基承载力验算，在隧道结构自重、上覆水和土压力、各种可变作用最不利组合条件下应满足式(10.2.1-1)和式(10.2.1-2)。

$$p \leqslant f_a \tag{10.2.1-1}$$

$$p_{max} \leqslant \gamma_R f_a \tag{10.2.1-2}$$

式中：p——最不利作用频遇值组合条件下基底平均压力(kPa)；

p_{max}——最不利作用频遇值组合条件下基底最大压力(kPa)；

f_a——修正后的地基承载力特征值(kPa)，可由地基承载力特征值 f_{a0} 经修正而得到，f_{a0} 应由荷载试验或其他原位测试取得，特殊情况下，初勘及前期阶段可参照现行《公路桥涵地基与基础设计规范》(JTG 3363)取值；

γ_R——地基承载力抗力系数，可参照现行《公路桥涵地基与基础设计规范》(JTG 3363)取值。

10.2.2 当隧道主要持力层范围内存在软弱土层时，尚应按照式(10.2.2)验算软弱土层上表面地基承载力。

$$p_z = \gamma_1 (h+z) + \alpha (p - \gamma_2 h) \leqslant \gamma_R f_{az} \tag{10.2.2}$$

式中：p_z——最不利作用频遇值组合条件下软弱土层顶面处压力(kPa)；

h——基础底面埋深(m)；

z——基础底面至软弱土层顶距离(m)；

γ_1——深度$(h+z)$范围内各土层的加权平均重度(kN/m^3)；

γ_2——深度 h 范围内各土层的加权平均重度(kN/m^3)；

α——土中附加应力系数，可参照行业标准现行《公路桥涵地基与基础设计规范》(JTG 3363)取值；

f_{az}——软弱土层顶面处修正后的地基承载力特征值(kPa)。

10.2.3 应计算主体结构沉降量，按照正常使用极限状态最不利作用准永久值组合采用，沉降计算应满足现行《公路桥涵地基与基础设计规范》(JTG 3363)的规定。

10.3 地基处理

10.3.1 应根据水文、地质、作用、结构形式以及施工条件等选用合理的地基处理形式。

10.3.2 处理后地基承载力应满足隧道结构基底承载力和变形的要求。复合地基承载力宜通过现场载荷试验确定，或采用增强体的载荷试验结果和其周围土的承载力结合经验确定。

10.3.3 基底位于软弱地基上时，可根据土层分布选择以下不同的地基处理形式：

1 基底地质条件仅局部不均匀，或仅浅表层 3m 内存在软弱土层时，可采用换填处理。换填材料可采用中砂、粗砂、砂砾、角(圆)砾、碎(卵)石、矿渣以及其他性能稳定、无腐蚀性的材料。

2 基底浅表 3m～5m 存在软弱土层时，可采用水泥土搅拌桩、高压旋喷桩等就地固化处理处理形式。

3 基底浅表软弱土层厚度大于 5m 或下卧软硬交互地层时，可采用预制桩或钻孔灌注桩等桩基础。

10.4 桩基础

10.4.1 当地基承载力、沉降计算量不满足要求时，可采用承压桩；当结构抗浮不满足要求时，可采用抗拔桩。桩基础设计使用年限与主体结构相同。

10.4.2 桩基布置应考虑隧道横向、纵向受力不均匀性，隧道结构内力及变形计算应考虑桩基影响。最不利作用效应标准组合下，桩基承担的荷载不得大于桩基承载力特征值。桩基布置间距不应小于 $3.0d$～$4.0d$(d 表示桩直径或边长，挤土效应明显时取大值)，且不宜大于 8.0m。

10.4.3 桩基与隧道底板连接处应满足冲切承载力要求，当冲切承载力不满足要求时，可局部增加板厚或采用抗冲切钢筋等措施。

10.4.4 桩基承载力验算及桩身结构承载力、裂缝计算应满足现行《建筑桩基技术规范》(JGJ 94)的规定。

11 监测

11.0.1 应根据安全等级、工程特点及保护要求合理确定监测项目、监测频率和预警值。

11.0.2 监测位置的布置应能反映监测对象的实际状态及其变化趋势，监测点应布置在监测对象受力及变形的关键点和特征点上，并应满足监控要求。

11.0.3 监测可采用巡视检查和仪器设备观测。隧道使用期间宜采用仪器设备实现自动化监测。采用的监测仪器、元器件应满足测量精度的要求，监测结果准确反映监测对象的变形程度。

1 围堰堰体竖向、水平位移。

2 水位、潮位、风浪。

3 围堰渗流量。

4 钢围堰桩体、拉杆、围檩等构件的内力、变形。

5 钢围堰桩顶竖向、水平位移。

6 土石围堰堰体浸润线。

7 表面观测，包括锈蚀、裂缝、滑坡、坍塌、隆起、渗透变形及表面侵蚀破坏等。

11.0.4 基坑工程及基坑周边环境监测应满足现行《建筑基坑工程监测技术标准》(GB 50497)的规定。

11.0.5 应结合施工期间和使用期间主体结构监测需求，合理布置必要的永久性监测点，对主体结构及周边环境的变化进行长期、连续、有针对性的监测。

11.0.6 主体结构监测内容应包括隧道竖向、水平位移、结构净空收敛、结构内力和接缝变化、渗漏、结构裂缝等。隧道使用期间周边环境监测内容应包括水下地形、水位、岸边段地形、荷载变化等。

附录A　常用钢板(管)桩型号及参数

A.1　常用钢板桩截面尺寸、截面面积、理论重量及截面特征

A.1.1　U形钢板桩形状、截面尺寸、截面面积、理论重量及截面特征见图A.1.1和表A.1.1。

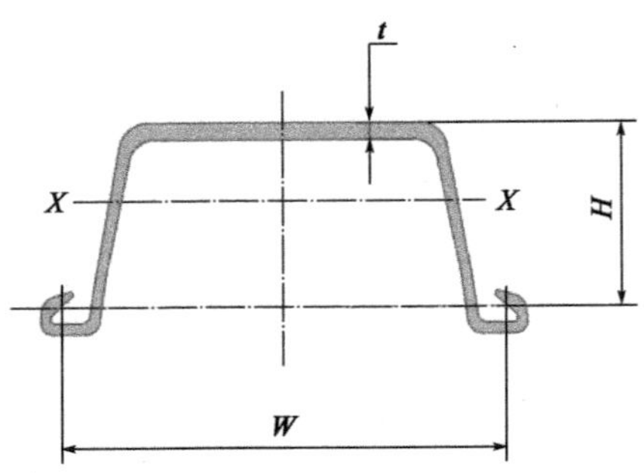

图A.1.1　U形钢板桩形状

表A.1.1　U形钢板桩截面尺寸、截面面积、理论重量及截面特征

型号 (宽度×高度)	有效宽度 W (mm)	有效高度 H (mm)	腹板厚度 t (mm)	单根材				每米板面			
				截面面积 (cm^2)	理论重量 (kg/m)	惯性矩 I_X (cm^4)	截面模量 W_X (cm^3)	截面面积 (cm^2)	理论重量 (kg/m^2)	惯性矩 I_X (cm^4)	截面模量 W_X (cm^3)
PU400×100	400	100	10.5	61.18	48.0	1240	152	153.0	120.1	8740	874
PU400×125	400	125	13.0	76.42	60.0	2220	223	191.0	149.9	16800	1340
PU400×170	400	170	15.5	96.99	76.1	4670	362	242.5	190.4	38600	2270
PU500×210	500	210	11.5	98.7	77.5	7480	527	197.4	155.0	42000	2000
PU500×210	500	210	15.6	111.0	87.5	8270	547	222.0	175.0	52500	2500
PU500×210	500	210	20.0	131.0	103.0	8850	562	262.0	206.0	63840	3040
PU500×225	500	225	27.6	153.0	120.1	11400	680	306.0	240.2	86000	3820
PU600×130	600	130	10.3	78.70	61.8	2110	203	131.2	103.0	13000	1000
PU600×180	600	180	13.4	103.9	81.6	5220	376	173.2	136.0	32400	1800
PU600×210	600	210	18.0	135.3	106.2	8630	539	225.2	177.0	56700	2700
PU600×217.5	600	217.5	13.9	120.3	92.2	9100	585	200.6	153.7	52420	2410
PU600×228	600	228	15.8	123.7	97.1	9880	580	206.1	161.8	61560	2700
PU600×226	600	226	19.0	145.0	114.0	11280	649	241.7	190.0	72320	3200
PU700×200	700	200	9.0	84.0	65.1	5500	408	120.0	93.0	23000	1150
PU700×200	700	200	10.0	96.3	75.6	5960	437	137.6	108.0	26800	1340
PU700×220	700	220	9.7	98.6	77.4	7560	507	140.9	110.6	33770	1535

A.1.2　Z形钢板桩形状、截面尺寸、截面面积、理论重量及截面特征见图A.1.2和表A.1.2。

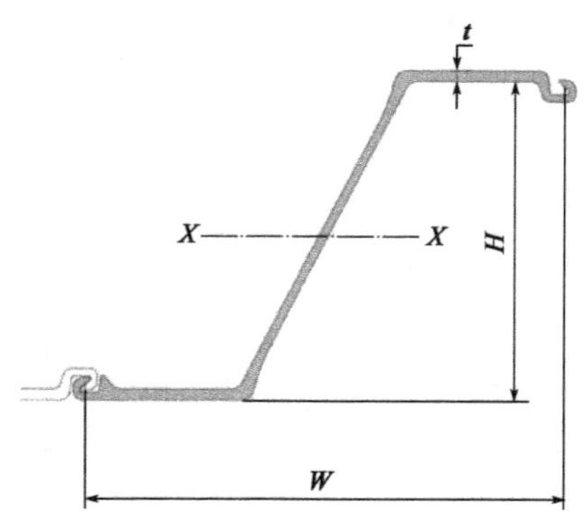

图 A.1.2 Z 形钢板桩形状

表 A.1.2 Z 形钢板桩截面尺寸、截面面积、理论重量及截面特征

型号（宽度×高度）	有效宽度 W（mm）	有效高度 H（mm）	腹板厚度 t（mm）	单根材 截面面积（cm^2）	理论重量（kg/m）	惯性矩 I_X（cm^4）	截面模量 W_X（cm^3）	每米板面 截面面积（cm^2）	理论重量（kg/m^2）	惯性矩 I_X（cm^4）	截面模量 W_X（cm^3）
PZ575×260	575	260	8.8	74.0	58.1	8223	628	128.7	101.0	14300	1100
PZ575×260	575	260	10.8	86.4	67.9	9340	719	150.3	118.1	16250	1250
PZ575×350	575	350	9.2	78.4	61.5	16100	920	136.3	107.0	28000	1600

A.1.3 直线形钢板桩形状、截面尺寸、截面面积、理论重量及截面特征见图 A.1.3 和表 A.1.3。

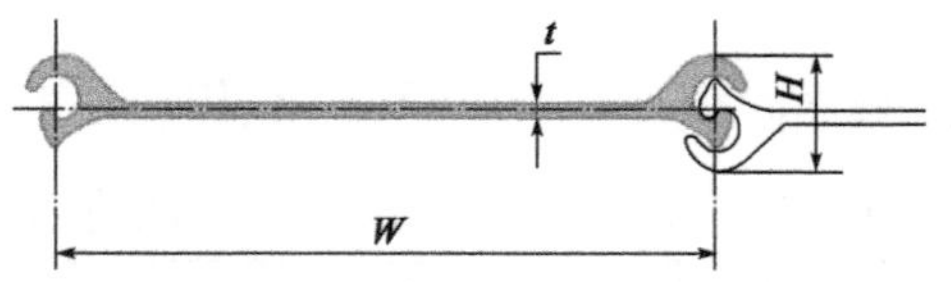

图 A.1.3 直线型钢板桩形状

表 A.1.3 直线形钢板桩截面尺寸、截面面积、理论重量及截面特征

型号（宽度×高度）	有效宽度 W（mm）	有效高度 H（mm）	腹板厚度 t（mm）	单根材 截面面积（cm^2）	理论重量（kg/m）	惯性矩 I_X（cm^4）	截面模量 W_X（cm^3）	每米板面 截面面积（cm^2）	理论重量（kg/m^2）	惯性矩 I_X（cm^4）	截面模量 W_X（cm^3）
PI500×88	500	88	9.5	78.6	61.7	184	46	157.1	123.0	396	89
PI500×88	500	88	11.0	86.5	68.0	175	45	173.0	136.0	350	90
PI500×88	500	88	12.0	90.5	71.1	180	45	181.0	142.2	360	90
PI500×88	500	88	12.7	93.5	73.4	180	46	187.0	146.8	360	92
注：直线形钢板桩锁口拉伸力不得低于 2000kN/m，最大值可大于 5000kN/m。											

A.1.4 钢板桩尺寸、外形及允许偏差见表 A.1.4。

表 A.1.4 钢板桩尺寸、外形及允许偏差(mm)

<table>
<tr><td colspan="2" rowspan="2">允许偏差</td><td colspan="5">品种</td></tr>
<tr><td colspan="2">U 形钢桩</td><td colspan="2">Z 形钢板桩</td><td>直线形钢板桩</td></tr>
<tr><td colspan="2">有效宽度 W</td><td colspan="2">+10
−5</td><td colspan="2">+8
−4</td><td>±4</td></tr>
<tr><td colspan="2" rowspan="2">有效高度 H</td><td>≤200</td><td>±4.0</td><td><300</td><td>±6.0</td><td rowspan="2">—</td></tr>
<tr><td>>200</td><td>±5.0</td><td>≥300</td><td>±7.0</td></tr>
<tr><td rowspan="3">腹板厚度</td><td><10</td><td colspan="2">±1.0</td><td colspan="2">±1.0</td><td>+1.5
−0.7</td></tr>
<tr><td>10~16</td><td colspan="2">±1.2</td><td colspan="2">±1.2</td><td>+1.5
−0.7</td></tr>
<tr><td>≥16</td><td colspan="2">±1.5</td><td colspan="2">±1.5</td><td>—</td></tr>
<tr><td colspan="2">长度 L</td><td colspan="5">+200
0</td></tr>
<tr><td colspan="2">侧弯</td><td colspan="2">≤0.20%L</td><td colspan="2">≤0.20%L</td><td>≤0.20%L</td></tr>
<tr><td colspan="2">翘曲</td><td colspan="2">≤0.20%L</td><td colspan="2">≤0.20%L</td><td>≤0.20%L</td></tr>
<tr><td colspan="2">端面斜度</td><td colspan="2">≤4%W</td><td colspan="2">≤4%W</td><td>≤4%W</td></tr>
</table>

A.2 常用钢管桩截面尺寸、截面面积、理论重量及截面特征

A.2.1 常用钢管桩截面尺寸、截面面积、理论重量及截面特征见表 A.2.1。

表 A.2.1 常用钢管桩截面尺寸、截面面积、理论重量及截面特征

外径	壁厚	每根				每米			
mm	mm	断面积	理论重量	惯性矩	截面模量	断面积	理论重量	惯性矩	截面模量
		cm^2	kg/m	cm^4	cm^3	cm^2	kg/m^2	cm^4	cm^3
500	9	138.8	109	41800	1670	278	218	83600	3340
	10	153.9	121	46200	1850	308	242	92400	3700
	11	169	133	50500	2020	338	266	101000	4040
	12	184	144	54800	2190	368	288	109600	4380
	13	198.9	156	59000	2360	398	312	118000	4720
	14	213.8	168	63200	2530	428	336	126400	5060
600	9	167.1	131	73000	2430	279	218	121667	4050
	10	185.4	145	80700	2690	309	242	134500	4483
	11	203.5	160	88300	2940	339	267	147167	4900
	12	221.7	174	95800	3190	370	290	159667	5317
	13	239.7	188	103000	3440	400	313	171667	5733
	14	257.7	202	111000	3690	430	337	185000	6150

表 A.2.1 常用钢管桩截面尺寸、截面面积、理论重量及截面特征(续)

外径	壁厚	每根				每米			
mm	mm	断面积	理论重量	惯性矩	截面模量	断面积	理论重量	惯性矩	截面模量
		cm^2	kg/m	cm^4	cm^3	cm^2	kg/m^2	cm^4	cm^3
700	9	195.4	153	117000	3330	279	219	167143	4757
	10	216.8	170	129000	3690	310	243	184286	5271
	11	238.1	187	141000	4040	340	267	201429	5771
	12	259.4	204	154000	4390	371	291	220000	6271
	13	280.6	220	166000	4730	401	314	237143	6757
	14	301.7	237	178000	5070	431	339	254286	7243
	15	322.8	253	189000	5410	461	361	270000	7729
	16	343.8	270	201000	5750	491	386	287143	8214
800	9	223.6	176	175000	4370	280	220	218750	5463
	10	248.2	195	195000	4840	310	244	243750	6050
	11	272.7	214	212000	5300	341	268	265000	6625
	12	297.1	233	231000	5770	371	291	288750	7213
	13	321.4	252	249000	6220	402	315	311250	7775
	14	345.7	271	267000	6680	432	339	333750	8350
	15	369.9	290	285000	7130	462	363	356250	8913
	16	394.1	309	303000	7570	493	386	378750	9463
900	9	251.9	198	250000	5560	280	220	277778	6178
	10	279.6	219	277000	6150	311	243	307778	6833
	11	307.2	241	304000	6740	341	268	337778	7489
	12	334.8	263	330000	7330	372	292	366667	8144
	13	362.3	284	356000	7920	403	316	395556	8800
	14	389.7	306	382000	8500	433	340	424444	9444
	15	417	327	408000	9080	463	363	453333	10089
	16	444.4	349	434000	9650	494	388	482222	10722
	17	471.6	370	460000	10200	524	411	511111	11333
	18	498.8	392	485000	10800	554	436	538889	12000
1000	9	280.2	220	344000	6880	280.2	220	344000	6880
	10	311	244	381000	7620	311	244	381000	7620
	11	341.8	268	418000	8360	341.8	268	418000	8360
	12	372.5	292	454000	9090	372.5	292	454000	9090
	13	403.1	316	491000	9820	403.1	316	491000	9820
	14	433.7	340	527000	10500	433.7	340	527000	10500
	15	464.2	364	563000	11300	464.2	364	563000	11300

表 A.2.1 常用钢管桩截面尺寸、截面面积、理论重量及截面特征(续)

外径	壁厚	每根				每米			
mm	mm	断面积	理论重量	惯性矩	截面模量	断面积	理论重量	惯性矩	截面模量
		cm^2	kg/m	cm^4	cm^3	cm^2	kg/m^2	cm^4	cm^3
1000	16	494.6	388	599000	12000	494.6	388	599000	12000
	17	525	412	634000	12700	525	412	634000	12700
	18	555.3	436	670000	13400	555.3	436	670000	13400
	19	585.6	460	705000	14100	585.6	460	705000	14100
	20	615.8	483	740000	14800	615.8	483	740000	14800
1100	10	342.4	269	509000	9250	311	245	462727	8409
	11	376.3	295	558000	10100	342	268	507273	9182
	12	410.2	322	607000	11000	373	293	551818	10000
	13	443.9	348	656000	11900	404	316	596364	10818
	14	477.6	375	704000	12800	434	341	640000	11636
	15	511.3	401	752000	13700	465	365	683636	12455
	16	544.9	428	800000	14600	495	389	727273	13273
	17	578.4	454	848000	15400	526	413	770909	14000
	18	611.9	480	896000	16300	556	436	814545	14818
	19	645.2	506	943000	17100	587	460	857273	15545
	20	678.6	533	990000	18000	617	485	900000	16364
1200	11	410.9	323	726000	12100	342	269	605000	10083
	12	447.9	352	790000	13200	373	293	658333	11000
	13	484.8	381	854000	14200	404	318	711667	11833
	14	521.6	409	917000	15300	435	341	764167	12750
	15	558.4	438	980000	16300	465	365	816667	13583
	16	595.2	467	1040000	17400	496	389	866667	14500
	17	631.8	496	1100000	18400	527	413	916667	15333
	18	668.4	525	1170000	19500	557	438	975000	16250
	19	704.9	553	1230000	20500	587	461	1025000	17083
	20	741.4	582	1290000	21500	618	485	1075000	17917
	21	777.8	611	1350000	22500	648	509	1125000	18750
	22	814.2	639	1410000	23500	679	533	1175000	19583
	24	962.1	755	1960000	30100	802	629	1633333	25083
1300	12	485.6	381	1010000	15500	2170	293	776923	11923
	13	525.6	413	1090000	16700	2340	318	838462	12846
	14	565.6	444	1170000	18000	2520	342	900000	13846
	15	605.5	475	1250000	19200	2690	365	961538	14769

表 A.2.1 常用钢管桩截面尺寸、截面面积、理论重量及截面特征(续)

外径	壁厚	每根				每米			
mm	mm	断面积	理论重量	惯性矩	截面模量	断面积	理论重量	惯性矩	截面模量
		cm^2	kg/m	cm^4	cm^3	cm^2	kg/m^2	cm^4	cm^3
1300	16	645.4	507	1330000	20500	2870	390	1023077	15769
	17	685.2	538	1410000	21700	3040	414	1084615	16692
	18	725	569	1490000	22900	3210	438	1146154	17615
	19	764.6	600	1570000	24100	3380	462	1207692	18538
	20	804.2	631	1650000	25300	3550	485	1269231	19462
	21	843.8	662	1730000	26600	3720	509	1330769	20462
	22	883.3	693	1800000	27800	3890	533	1384615	21385
	23	922.7	724	1880000	28900	4050	557	1446154	22231
1400	12	523.3	411	1260000	18000	2520	294	900000	12857
	13	566.5	445	1360000	19500	2720	318	971429	13929
	14	609.6	478	1460000	20900	2930	341	1042857	14929
	15	652.7	512	1560000	22400	3130	366	1114286	16000
	16	695.7	546	1670000	23800	3330	390	1192857	17000
	17	738.6	580	1770000	25200	3530	414	1264286	18000
	18	781.5	613	1870000	26700	3730	438	1335714	19071
	19	824.3	647	1960000	28100	3930	462	1400000	20071
	20	867.1	681	2060000	29500	4130	486	1471429	21071
	21	909.8	714	2160000	30900	4330	510	1542857	22071
	22	952.4	748	2260000	32300	4520	534	1614286	23071
	23	995	781	2360000	33700	4720	558	1685714	24071
	24	1037	814	2460000	35100	4910	581	1757143	25071
1500	12	561	440	1550000	20700	2900	293	1033333	13800
	13	607.3	477	1680000	22400	3130	318	1120000	14933
	14	653.6	513	1800000	24100	3370	342	1200000	16067
	15	699.8	549	1930000	25700	3600	366	1286667	17133
	16	745.9	586	2050000	27400	3830	391	1366667	18267
	17	792	622	2180000	29000	4060	415	1453333	19333
	18	838	658	2300000	30700	4300	439	1533333	20467
	19	884	694	2420000	32300	4520	463	1613333	21533
	20	929.9	730	2550000	34000	4750	487	1700000	22667
	21	975.8	766	2670000	35600	4980	511	1780000	23733
	22	1022	802	2790000	37200	5210	535	1860000	24800
	23	1067	838	2910000	38800	5430	559	1940000	25867

表 A.2.1 常用钢管桩截面尺寸、截面面积、理论重量及截面特征(续)

外径	壁厚	每根				每米			
mm	mm	断面积	理论重量	惯性矩	截面模量	断面积	理论重量	惯性矩	截面模量
		cm^2	kg/m	cm^4	cm^3	cm^2	kg/m^2	cm^4	cm^3
1500	24	1113	874	3030000	40400	5660	583	2020000	26933
	25	1158	909	3150000	42000	5880	606	2100000	28000
	26	1204	945	3270000	43600	6110	630	2180000	29067
1600	14	697.6	548	2190000	27400	436	343	1368750	17125
	15	746.9	586	2350000	29300	467	366	1468750	18313
	16	796.9	625	2500000	31200	498	391	1562500	19500
	17	845.4	664	2650000	33100	528	415	1656250	20688
	18	894.6	702	2800000	35000	559	439	1750000	21875
	19	943.7	741	2950000	36900	590	463	1843750	23063
	20	992.8	779	3100000	38700	621	487	1937500	24188
	21	1042	818	3250000	40600	651	511	2031250	25375
	22	1091	856	3400000	42400	682	535	2125000	26500
	23	1139	894	3540000	44300	712	559	2212500	27688
	24	1188	933	3690000	46100	743	583	2306250	28813
	25	1237	971	3840000	48000	773	607	2400000	30000
	26	1286	1010	3980000	49800	804	631	2487500	31125
1800	16	896.7	704	3570000	39600	498	391	1983333	22000
	17	952.3	747	3780000	42000	529	415	2100000	23333
	18	1008	791	4000000	44400	560	439	2222222	24667
	19	1063	834	4220000	46800	591	463	2344444	26000
	20	1118	878	4430000	49200	621	488	2461111	27333
	21	1173	921	4640000	51600	652	512	2577778	28667
	22	1229	965	4860000	54000	683	536	2700000	30000
	23	1284	1010	5070000	56300	713	561	2816667	31278
	24	1339	1050	5280000	58700	744	583	2933333	32611
	25	1394	1090	5490000	61000	774	606	3050000	33889
	26	1449	1140	5700000	63300	805	633	3166667	35167
	27	1504	1180	5910000	65700	836	656	3283333	36500
	28	1559	1220	6120000	68000	866	678	3400000	37778
	29	1614	1270	6330000	70300	897	706	3516667	39056
	30	1668	1310	6530000	72600	927	728	3627778	40333
2000	18	1121	880	5500000	55000	561	440	2750000	27500
	19	1182	928	5800000	58000	591	464	2900000	29000

表 A.2.1 常用钢管桩截面尺寸、截面面积、理论重量及截面特征(续)

外径	壁厚	每根				每米			
mm	mm	断面积	理论重量	惯性矩	截面模量	断面积	理论重量	惯性矩	截面模量
		cm^2	kg/m	cm^4	cm^3	cm^2	kg/m^2	cm^4	cm^3
2000	20	1244	977	6100000	61000	622	489	3050000	30500
	21	1306	1020	6390000	63900	653	510	3195000	31950
	22	1367	1070	6690000	66900	684	535	3345000	33450
	23	1429	1120	6980000	69800	715	560	3490000	34900
	24	1490	1170	7270000	72700	745	585	3635000	36350
	25	1551	1220	7560000	75600	776	610	3780000	37800
	26	1612	1270	7850000	78500	806	635	3925000	39250
	27	1674	1310	8140000	81400	837	655	4070000	40700
	28	1735	1360	8430000	84300	868	680	4215000	42150
	29	1796	1410	8720000	87200	898	705	4360000	43600
	30	1857	1460	9010000	90100	929	730	4505000	45050

A.3 锁口连接

A.3.1 U、Z、H 型钢板桩的锁口连接按照 EN10248 拉森锁口连接,钢板桩理论旋转角度为±5°,锁口连接形状如图 A.3.1 所示,截面尺寸、理论重量及、尺寸偏差及工艺质量见表 A.3.1。

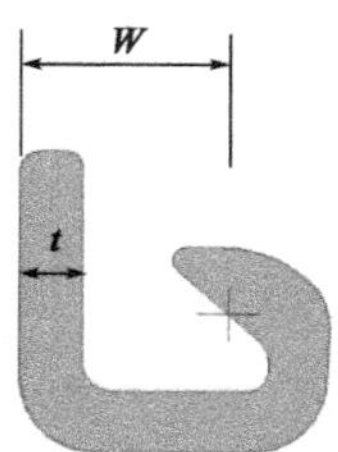

图 A.3.1 锁口连接形状

表 A.3.1 锁口连接截面尺寸、理论重量、尺寸偏差及工艺质量

型号	宽度 W(mm)	厚度 t(mm)	单根理论重量(kg/m)
C9	30	10	9.3
尺寸偏差及工艺质量:1. 直度:不大于 0.1%L(L 为锁扣长度),局部不大于 1.5mm/1m;2. 扭转:扭转角度不大于 5°;3. 垂直度:±2°;4. 如图示:$a-b\geqslant$4mm;5. 锁扣表面不得存在分层、裂纹、缩孔及疏松之类的缺陷。钢板表面上不允许有严重锈蚀、气泡、结疤、裂纹、拉裂、折叠、重皮、夹杂、氧化皮压入及其他任何影响质量的缺陷			b a

附录B 结构细部防水

B.1 结构变形缝防水

B.1.1 无穿孔可卸式橡胶止水带防水构造如图 B.1.1 所示。

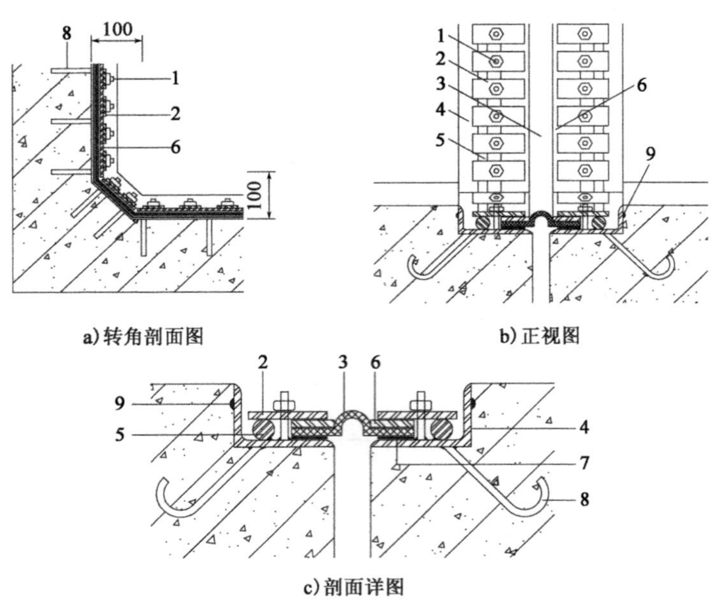

图 B.1.1 可卸式橡胶止水带(尺寸单位:mm)

1-螺栓;2-铁件压块;3-无穿孔可卸式橡胶止水带;4-预埋角钢;5-圆钢;6-钢板压条;7-自粘丁基密封胶带;8-固定埋脚;9-遇水膨胀止水胶

B.2 穿墙管细部防水构造

B.2.1 预埋套管式穿墙管防水构造如图 B.2.1 所示。

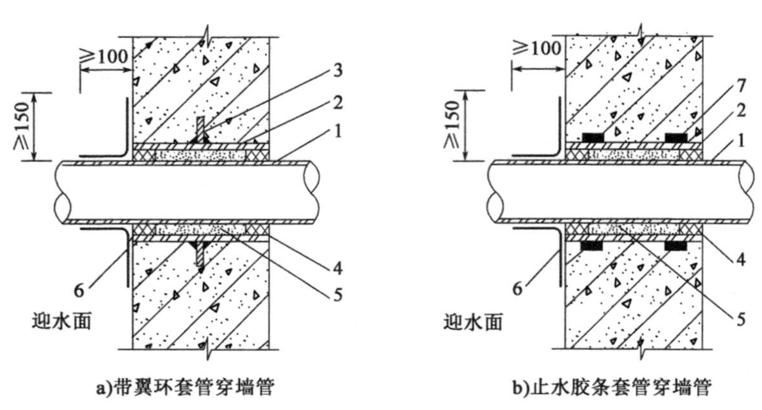

图 B.2.1 预埋套管穿墙管防水构造(尺寸单位:mm)

1-穿墙管;2-套管;3-翼环;4-封口密封胶;5-聚氨酯泡沫填缝剂;6-防水加强层;7-丁基密封胶带或遇水膨胀密封胶

B.2.2 穿墙套管群盒或钢板止水穿墙套管群防水构造如图 B.2.2 所示。

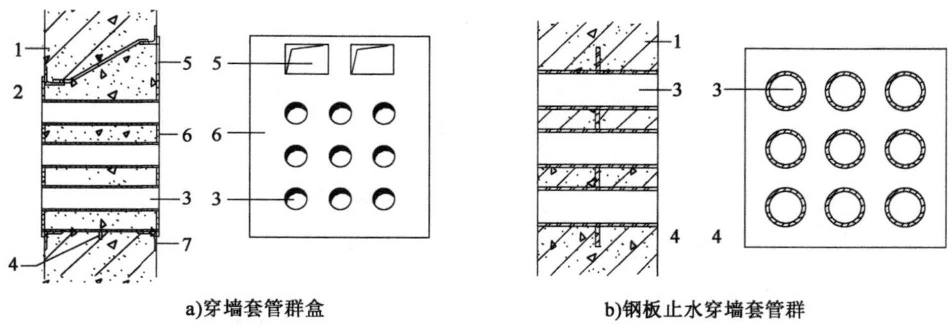

图 B.2.2 群管穿墙防水构造

1-混凝土侧墙；2-无收缩自流平水泥灌浆料；3-穿墙套管；4-止水环、止水钢板；5-浇注孔；6-封口钢板；7-固定角钢

B.2.3 后凿安装穿墙管时，开孔尺寸应满足穿墙管要求，位置应经计算确定，并应采取机械钻孔的方法。穿墙管应固定牢固，防水构造如图 B.2.3 所示。

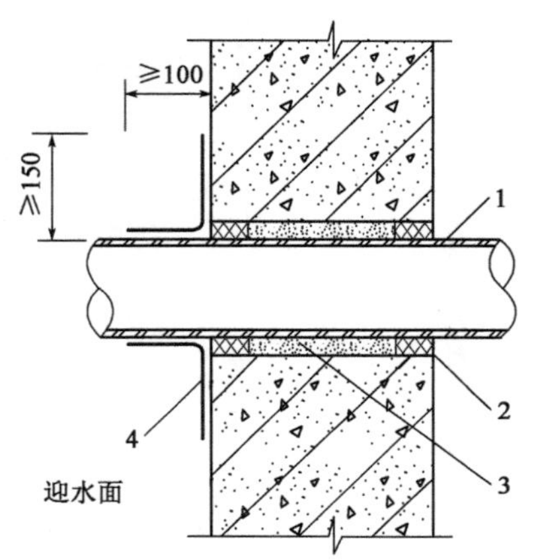

图 B.2.3 后开孔穿墙管防水构造(尺寸单位：mm)

1-穿墙管；2-封口密封胶；3-聚氨酯泡沫填缝剂；4-防水加强层

B.2.4 采用法兰式套管时，套管应加焊止水环，防水构造如图 B.2.4 所示。

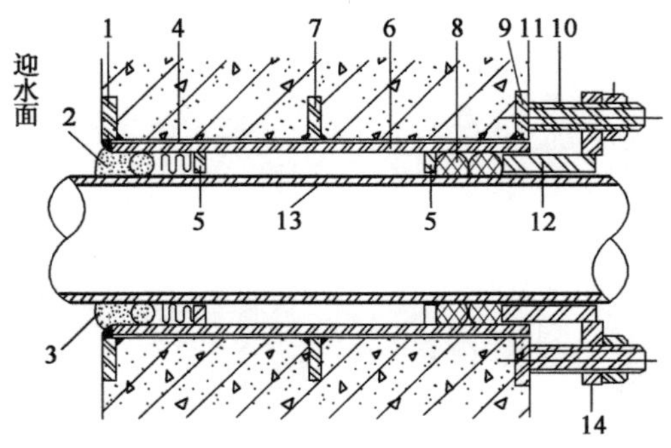

图 B.2.4 法兰式套管穿墙管防水构造

1-翼环；2-密封材料；3-背衬材料；4-充填材料；5-挡圈；6-套管；7-止水环；8-橡胶圈；9-翼盘；10-螺母；11-双头螺栓；12-短管；13-主管；14-法兰盘

B.2.5 底板降水井防水构造如图 B.2.5 所示。

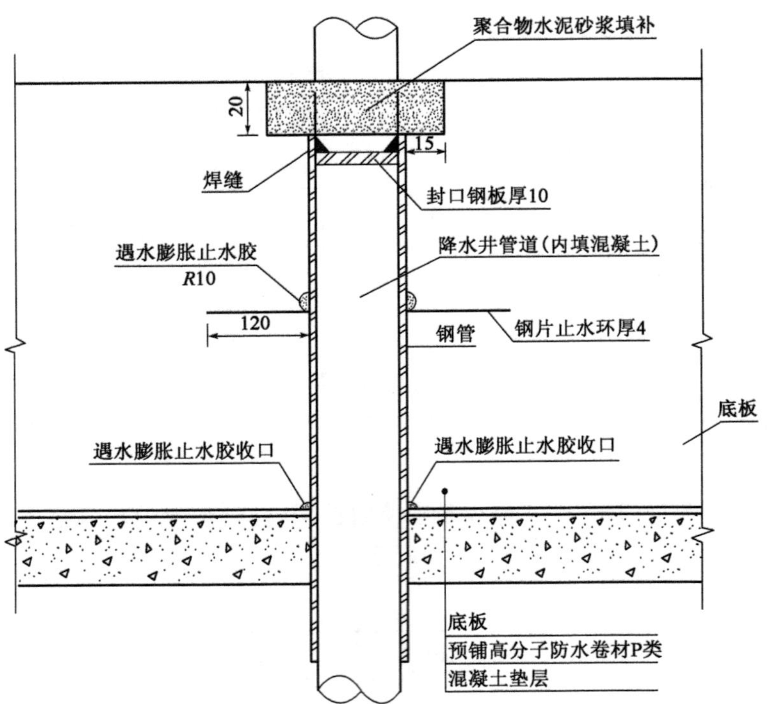

图 B.2.5 降水井防水构造(尺寸单位:mm)

用 词 说 明

1　本指南执行严格程度的用词，采用下列写法：

1)　表示严格，在正常情况下均应这样做的用词，正面词采用“应”，反面词采用“不应”或“不得”。

2)　表示允许稍有选择，在条件允许时首先应这样做的用词，正面词采用“宜”，反面词采用“不宜”。

3)　表示有选择，在一定条件下可以这样做的用词，采用“可”。

2　引用标准的用语采用下列写法：

1)　当引用的标准为国家标准或行业标准时，表述为“应符合《×××××》(×××)的有关规定”。

2)　当引用指南的其他规定时，表述为“应符合本指南第×章的有关规定”“应符合本指南第×.×节的有关规定”“应按本指南第×.×.×条的有关规定执行”。

团 体 标 准

公路堰筑隧道设计指南

条文说明

目　　次

前　言

目前全国已建成公路隧道上百座，近年来兴建了苏州 G312 阳澄湖隧道（2.31km、双向六车道）、苏锡常南部高速太湖隧道（长 10.79km、双向六车道＋连续式紧急停车带）、S341 宜兴至马山段竺山湖隧道（长 7.81km、双向六车道＋连续式紧急停车带）等公路堰筑隧道。

尤其是苏锡常南部高速公路太湖隧道这一代表性工程，穿越太湖环境敏感区，主体工程采用堰筑法工艺，具有建设规模浩大、技术复杂、施工风险大、环保要求高、运营安全保障压力大等特点，其技术难度在行业内屈指可数，通过技术攻关与科技创新，形成了围堰基坑安全风险控制技术、湖底隧道结构耐久性提升技术等一批可推广复制的科技创新成果，对于堰筑法水下隧道工程具有显著的代表性和借鉴性。

1 总则

1.0.1 修建公路水下隧道的方法有钻爆法、沉管法、盾构法、堰筑法等，我国城市多围绕河流、湖泊建设，随着各级路网的逐步健全、地下空间的发展以及水利环保要求的提升，水下交通隧道以其独特优势逐渐成为跨越江河湖海的新方式，对于水深小于15m的湖泊、河流、近海修建水下隧道，堰筑法是较为经济合理的工法之一。苏锡常南部高速公路太湖隧道全长10.79km，其中水域段9km，针对深厚软土、特长超宽、分仓实施、渗流等特点开展了较多科研及实践，解决了建设重难点问题，为本指南编制提供了较好的经验。

1.0.2 本指南重点规定了堰筑隧道土建设计的相关条款，城市道路堰筑隧道虽然设计标准不同，但在断面形式、施工工序及建造工艺上较为类似，因此，城市道路堰筑隧道或明挖隧道可参考使用。

3 基本规定

3.0.3 堰筑隧道施工期间需充分考虑水域建设条件，如航道、行洪、堤防等，有条件时隧址需尽量选择穿越难度较小的水域。堰筑隧道穿越堤防工程、航道工程时需尽量采用90°交角，因此，水域段隧道平面方案常常控制总体路线设计。

3.0.7 水下隧道具有水头高、渗漏不易封堵的特点，因此，要确保防水体系合理可靠，并且易于实施，设计方案能较好地落实到施工中。

3.0.8 围堰工程是堰筑隧道施工的安全屏障，直接面临洪水冲刷、风浪等不利条件，围堰工程必须确保安全可靠，为围堰内其他工序施工创造有利的条件。同时，围堰分期尚需保证施工期间通航、行洪，最大程度减小施工期对水域的影响。

3.0.10 堰筑隧道为明挖现浇结构，每间隔一定长度通过设置变形缝达到变形协调，由于隧道为长条形工程，沿行车方向的地质条件、埋深、基坑围护形式都会影响主体结构沉降，从而导致相邻节段之间的不均匀沉降，严重时带来变形缝漏水等问题，因此，地基与基础要能有效控制结构变形及不均匀沉降。

3.0.12 堰筑隧道工序较多，现行规范尚无完善的堰筑隧道监测体系，根据太湖隧道实践经验，监测需包括围堰工程、基坑工程及主体结构等监测对象。

4 调查与勘察

4.2 调查

4.2.1 水下隧道相对于桥梁方案，具有生态环境影响小、能全天候通行、占用土地少等优势，从太湖隧道、竺山湖隧道等工程案例来看，在符合政策规定的情况下，采用隧道形式穿越风景名胜区、水源保护地、生态保护红线等保护范围，是一种较合理的方案选择。

4.2.6 堰筑隧道为明挖现浇施工，连续强降雨、台风等对工程建设期的影响较大，随着近年来极端气候频现，国内也出现了由于强降雨引起的重大灾害，要引起足够的重视。

4.3 测绘

4.3.3 以太湖隧道为例，东西走向全长 10.79km，为控制测量精度，出入口每一侧分别布设 3 个平面和高程控制点。考虑到各个工程实际操作性，长、特长隧道有必要在每侧布置 2 个以上控制点。

4.4 勘察

4.4.4 勘察提供的参数，需结合室内试验、原位测试及地方经验等进行综合分析，并满足设计要求。

4.4.5 堰筑隧道围堰工程、基坑工程及主体结构多道工序平行展布。勘探孔布设采用场地类别和分阶段确定间距布设的方式，主体勘探孔要尽量兼顾主体结构、基坑工程、地基与基础等分项工程，围堰工程宜充分利用主体结构钻孔。

5 总体设计

5.3 隧道线形设计

5.3.1 现行《公路路线设计规范》(JTG D20)9.2.2条规定，“特长、长隧道宜采用直线线形”；9.2.1条规定，“受条件限制采用长直线时，应结合具体情况采用相应的技术措施”。采用直线线形结构施工便利，对隧道通风、防灾有利，但长直线行驶易使驾驶员感到单调、疲乏，容易造成超速行驶状态，日本、德国规定直线最大长度不宜超过设计速度的20倍，即72s行程。

太湖隧道直线段长度接近10km，采取了视线诱导、限速、变化纵坡、光过渡造型设计、侧墙装饰、洞顶装饰等多种措施消除视觉单调、驾驶疲劳等。

5.3.2 主体结构埋置深度要尽量浅埋，同时也要控制最大覆土埋深，以减小工程投资。堰筑隧道顶板最小埋深一般按河(湖)床底高程以下1～2m控制，如埋深过浅，顶板以上覆土厚度较薄，对主体结构不能起到有效的保护作用；同时，控制最大埋深可减小结构厚度、基坑深度等。所以，纵断面可采用“V”形或“W”形纵坡。

5.4 隧道横断面设计

5.4.5 关于隧道内紧急停车带的设置，一直有不同的看法，交通工程专家及养护单位认为隧道是密闭的狭长空间，设置硬路肩或通长紧急停车带，对防灾救援有重大作用，也方便养护单位检修；建设投资单位往往认为加宽断面增加了工程造价，日常利用率并不是太高，有些规范对特大桥梁、特长隧道可不设硬路肩的规定，也是基于节约投资的考虑。

随着近年来隧道火灾、水灾等灾害事故频发，特长水下隧道的防灾减灾越来越受到重视。太湖隧道、竺山湖隧道等特长水下隧道设置了通长的紧急停车带或硬路肩，宽度3.5m，十分有利于特长隧道的防灾救援，同时，堰筑隧道加宽结构断面，比盾构隧道更加便利、经济。因此，堰筑隧道宜设置与道路同宽度的硬路肩或连续式紧急停车带。

5.6 洞口与设备用房

5.6.1 堤防、岸线等一般要求汛期可以加宽加高，抵御洪水，水下隧道洞口需保证一定的安全距离，满足汛期巡检、防汛等要求。

5.6.3 洞口及地面疏散口要能防止周边积水倒灌，首先应避免设置于地势低洼、排水不畅处，同时，还需满足防洪防涝的高程要求。

5.7 施工筹划

5.7.3 堰筑隧道开挖土体经改良后用于隧道主体结构回填及路基填筑，在太湖隧道、竺山湖隧道、阳澄西湖南隧道等多个工程中得到应用。

用于路基填料的土方在施工组织衔接较好时，可采用直接填筑的方式。在路基填筑调运不及时或工序难以衔接时，可通过土方临时转运站进行转运，施工完成后进行生态恢复。以太湖隧道为例，总开挖土方约1100万m^3，60%用于结构回填，剩余土方用于路基填筑，大量减少了弃方。

6 主体结构

6.1 一般规定

6.1.8 设计需考虑如下典型设计工况：

工况一：隧道顶板覆土完成，底板泄水孔尚未封堵情形，如图 6-1a)所示，底板超载表示施工作用，而非正常运营的汽车作用。

工况二：隧道顶板覆土完成，底板泄水孔封堵且底板水压力上升至设计工况，但尚未通车情形，如图 6-1b)所示。

工况三：隧道顶板覆土完成，底板泄水孔封堵且底板水压力上升至设计工况，隧道填土面以上超载出现，隧道内超载(如汽车作用)与水反力方向相反，分项系数取 0，如图 6-1c)所示。

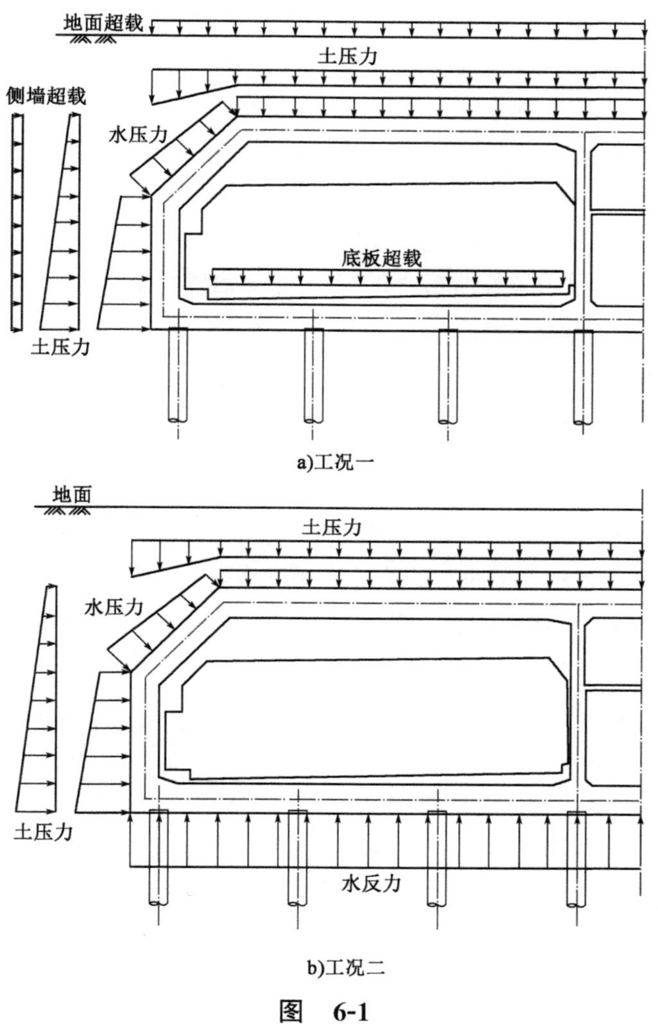

a)工况一

b)工况二

图 6-1

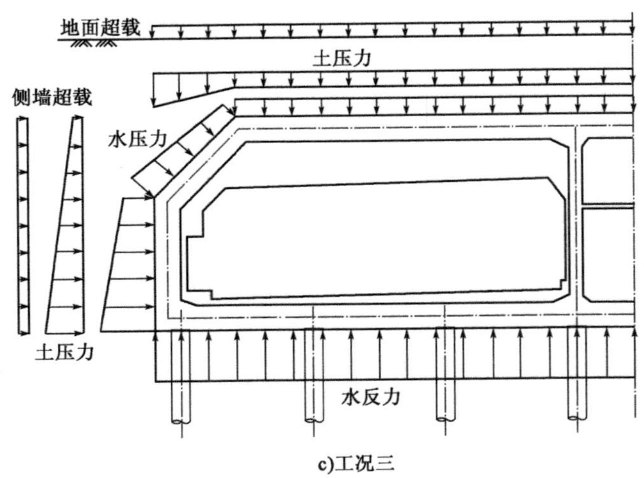

c)工况三

图 6-1 折板拱断面隧道典型工况作用分布示意图(结构自重未示出)

6.2 作用和作用组合

6.2.1 沉船、锚击作用指隧道上方航道范围内可能出现的偶然作用,可以根据航道等级查询现行《内河通航标准》(GB 50139)、《海港总体设计规范》(JTS 165),并考虑水深及覆土厚度,由试验确定。爆炸作用可根据爆炸等级、作用位置等效为隧道行车通道内侧垂直于结构表面向外的分布力。火灾作用无直接作用,但需考虑混凝土在高温环境下的损伤,可通过弹性模量及强度折减考虑。

根据现行《建筑设计防火规范》(GB 50016)12.1.3 条,对不同类型隧道承重结构体的耐火极限进行了规定,同时 B.0.2 条明确耐火极限判定标准需符合下列规定:

①当采用 HC 标准升温曲线测试时,耐火极限的判定标准为:受火后,当距离混凝土底表面 25mm 处钢筋的温度超过 250℃,或者混凝土表面的温度超过 380℃时,则判定为达到耐火极限。

②当采用 RABT 标准升温曲线测试时,耐火极限的判定标准为:受火后,当距离混凝土底表面 25mm 处钢筋的温度超过 300℃,或者混凝土表面的温度超过 380℃时,则判定为达到耐火极限。

根据现行《建筑钢结构防火技术规范》(GB 51249)5.2.2 条:高温下普通混凝土的轴心抗压强度及弹性模量折减系数见表 6-1。

表 6-1 高温下普通混凝土的轴心抗压强度及弹性模量折减系数

温度 T(℃)	20	100	200	300	400
轴心抗压强度折减系数	1.00	1.00	0.95	0.85	0.75
弹性模量折减系数	1.000	0.625	0.432	0.304	0.188
注:表中数值可线性插值。					

6.2.9 关于作用效应组合补充几点说明:①偶然作用相互之间不组合;②有条件时,可根据作用的概率分布确定作用分项系数;③施工阶段设计时,永久作用分项系数可取 1.25 或者在正常计算的效应值乘以 0.9 的临时性系数。

6.3 结构计算

6.3.7 参考现行《地铁设计规范》(GB 50157)11.6.1 条:当混凝土保护层厚度较大时,虽然表面裂缝宽度的计算值较大,但从总体上看,较大的混凝土保护层厚度对防止钢筋锈蚀是有利的,故本条规范规定,当设计采用的最大裂缝宽度计算公式中保护层的实际厚度大于 30mm 时,裂缝宽度验算时的保护层厚度可取 30mm。

6.3.8、6.3.9 抗浮稳定性验算是堰筑隧道设计的重要内容,关键在于两个方面:抗浮水位的确定和抗浮承载力的确定。

在施工阶段,应根据施工期的抗浮设防水位(可取近 n 年最高水位,n 为施工期年限)或采取降水措施后稳定水位进行抗浮验算,通过采用可靠的降、排水措施或临时压载方式满足抗浮稳定要求。在使用阶段,需根据设计基准期抗浮设防水位进行抗浮验算,设计基准期内抗浮设防水位需根据长期水文观测资料所提供的建设场地地下水历史最高水位计算。当地表径流与地下水有水力联系时,尚需考虑地表径流对地下水位的影响。当大面积填土面高于原有地面时,需按填土完成后的地下水位变化情况考虑。

隧道结构主要采用隧道自重及其上作用的永久作用之和来抵抗水浮力,不满足要求时,考虑设置抗拔桩。抗浮设防水位以上覆土采用天然重度,抗浮设防水位以下采用浮重度,隧道结构自重采用总重度。考虑摩阻力时的抗浮分项系数目前尚无统一规定,根据现行《地铁设计规范》(GB 50157)11.6.3 条及其条文说明,上海地铁计算采用摩阻力容许值,取 $\gamma_f=1.10$;广州、南京、北京、深圳地铁计算采用摩阻力标准值(极限值),取 $\gamma_f=1.15$;其余地方多未明确摩阻力取值对象;本指南明确采用上海计算方法。同时,考虑到桩基单桩基桩拔力 N_k 计算时已考虑折减,故单独列项,不再除以抗浮分项系数 γ_f。

6.4 结构构造

6.4.1 堰筑隧道工序多,回填工艺及质量控制难度大,采用矩形断面或折板矩形断面受力特征明显、结构变形小,缺点是大体积混凝土浇筑裂缝控制难。如采用拱形结构,可减小结构断面,但施工回填期间结构变形较大,要充分论证并采取可靠措施。

常见的整体式堰筑隧道主体结构标准横断面形式如图 6-2 所示。

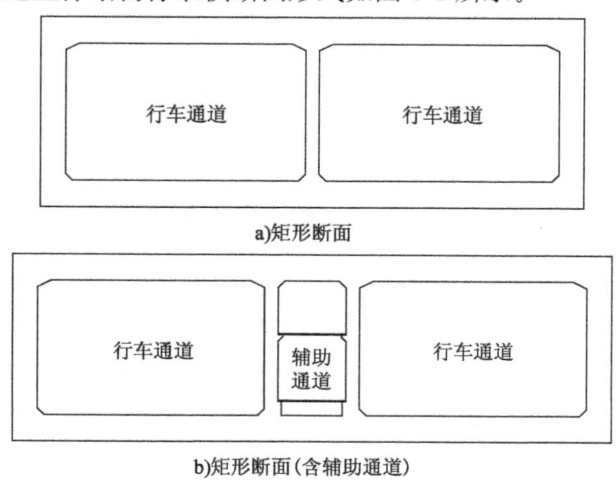

图 6-2

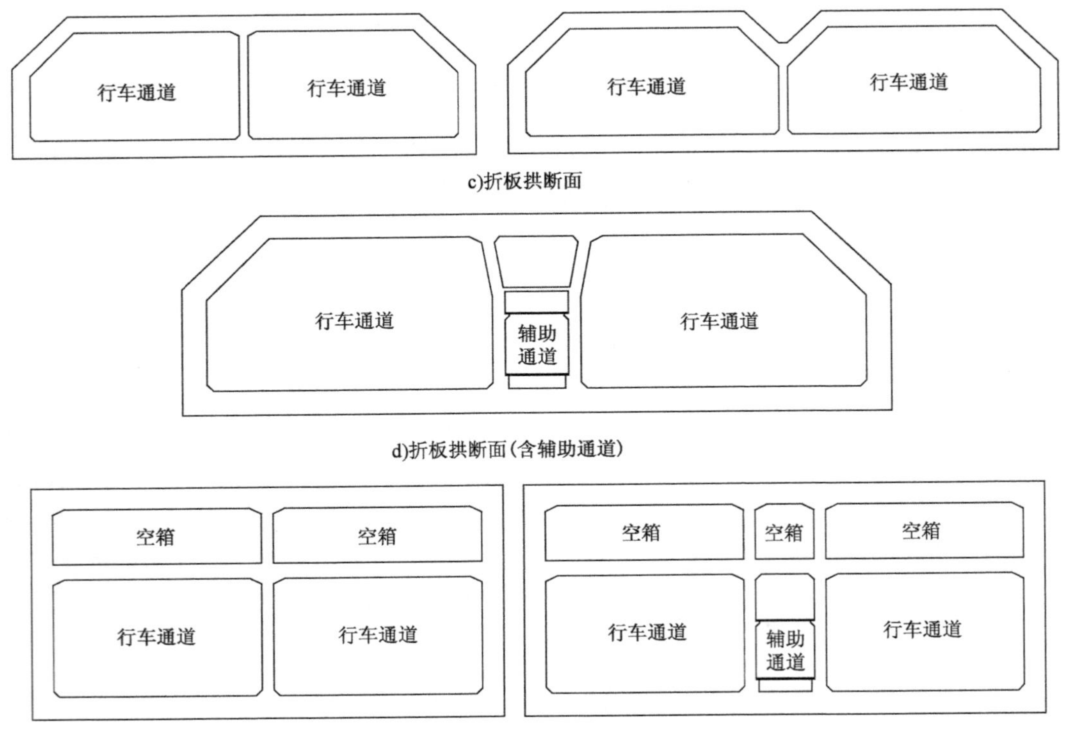

图 6-2　堰筑隧道主体结构标准横断面常规形式

6.4.3、6.4.4　变形缝兼作伸缩缝、不均匀沉降缝及抗震缝，变形缝宽度与建成后最高温度(可取设计基准期内最高日平均温度)与合龙温度之差成正比，与两侧节段长度之和的一半(即变形缝有效控制长度，如图 6-3 所示)成正比，同时受到隧道两侧围护结构及底板下桩基影响。当隧道变形缝间距较大时，使用期节段易产生横向伸缩裂缝，当变形缝间距较小时，变形缝数量较多，渗漏概率也增加。变形缝宽度要在满足伸缩要求的前提下，适当预留余量，保证变形缝两侧混凝土不出现挤碎现象。

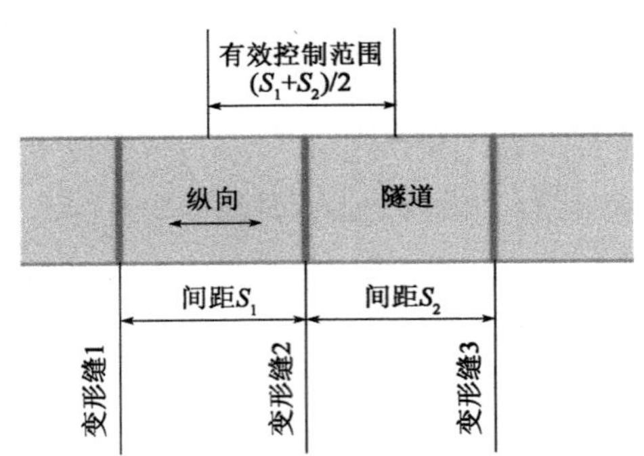

图 6-3　变形缝有效控制范围示意图

施工缝间距与变形缝间距、混凝土种类、气候条件以及施工单位浇筑能力、管理水平等因素有关，冬季施工可取大值，夏季施工可取小值，同时，当施工过程中采用有效降低水化热(如冷却集料、冰水拌和、混凝土内设冷凝水管等)措施时，经专项论证后，可适当放大间距。变形缝位置钢筋及混凝土断开，要设置剪切杆或榫槽方式控制变形，同时，预埋管线过变形缝处需考虑一定的补偿措施，如变形缝附近设大直径软管、增设手孔等方式。

8 围堰工程

8.1 一般规定

8.1.2 现行《水利水电工程围堰设计规范》(SL 645)根据保护对象、失事后果、工作年限及围堰工程规模等划分为3、4、5级;现行《钢围堰工程技术标准》(GB/T 51295)根据主体结构安全等级、平面尺寸、围堰高度、围堰水深、使用年限和地质条件划分为三个安全等级。

堰筑隧道围堰工程保护对象是主体结构和基坑工程等,围堰工程高度与水深、浪高等均有关联,同时其使用年限越长,对结构承载能力及正常使用能力的要求越高,因此,围堰高度和使用年限是围堰分级的基本要素。

目前常用的土石围堰、单排钢围堰、双排钢围堰,应用案例较多、计算理论成熟,如采用其他的结构形式,参考案例较少时,可适当提高安全等级。

8.1.3 堰筑隧道围堰工程对应现行《水利水电工程围堰设计规范》(SL 645)中的等级大部分是4级围堰,该规范推荐的设计重现期土石围堰采用10~20年、混凝土结构采用5~10年;现行《钢围堰工程设计标准》(GB/T 51295)不论安全等级均采用20年重现期。

围堰工程为临时结构,设计重现期一般均小于20年,但最低不宜小于10年,因此,采用范围值根据工程实际情况选取是合适的。

8.2 围堰选型与布置

8.2.1 围堰选型应综合比选后确定,双排钢围堰因施工便利、防冲刷能力强,受到广泛的应用,但钢围堰施打对地层有适应性,如卵石、基岩等施工困难;相对而言,土石围堰包括均质土石围堰、土石混填围堰等,适用的地层更广,但防冲刷、管涌能力不如钢围堰。

8.2.2 太湖隧道湖域段长9.0km,若采用施工围堰一次拦截施工的方式,对太湖水体环境影响较大,3条相交的航道也无法保通,但分期实施的问题是堰筑隧道工序众多,分期转换时易产生窝工,如何实现航道、水利及施工筹划的协调,是工程难点之一。

太湖隧道首次运用分仓流水施工方法,将太湖隧道单侧围堰1.5km分四仓正常流水作业(图8-1),每仓长度约360m:第一仓施打围堰、抽水、止水帷幕,第二仓开挖、结构施工,第三仓主体结构施工、养护、回填土,第四仓围堰拆除回水,实现四仓滚动推进。单仓施工工期约8个月,在理想状态下各工序及台班均无窝工的时间,围堰、围护、主体、土方等台班配置较均衡,相较于未采用分仓段施工的单仓施工节约了一年左右工期。施工遇航道,则将航道临时改线,待施工完拆除围堰后即可恢复航线。

8.2.4 根据太湖隧道、阳澄西湖南隧道等工程实践经验,围堰距离基坑2倍开挖深度以上,互相影响较小,距离越近,影响越大,设计计算要统筹考虑。受到条件限制,围堰兼做基坑围护结构时,需按照复合结构进行设计。

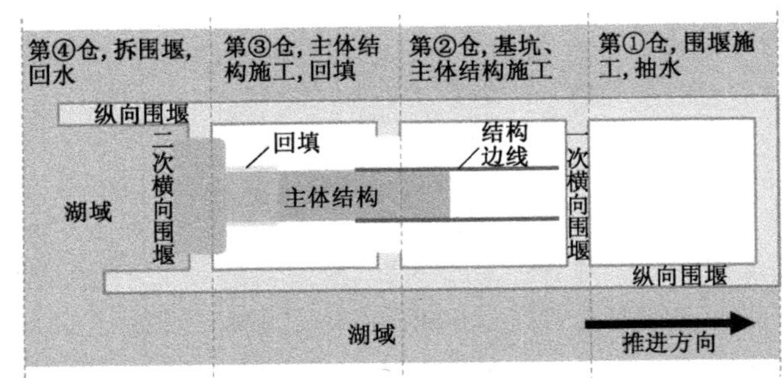

图 8-1　四仓流水施工示意

8.3　土石围堰

8.3.2　堰体填筑材料是围堰本体工程的重点，是控制围堰稳定与变形最重要指标。黏性土防渗性能较好，但需严格控制其填筑时的含水率及压实度，不宜采用淤泥等软弱土；砂土填筑易压实，但防渗性能较差，易产生管涌等问题，应注重其防渗设计。

8.4　钢围堰

8.4.2　双排、格型钢围堰一般通过拉杆连接内外排构件，构件可采用钢板桩、钢管桩或组合形式，当采用的拉杆形式为工字钢或其他刚度足够大的构件时，围堰形成的整体性较好，围堰整体一般先于单桩出现失稳，此时可仅验算整体的稳定性能。实际工程中，双排钢围堰采用的拉杆一般为圆钢等柔性构件，内外单排构件存在失稳的风险，因此，还需将内外排构件简化为各自独立的单排桩进行验算。

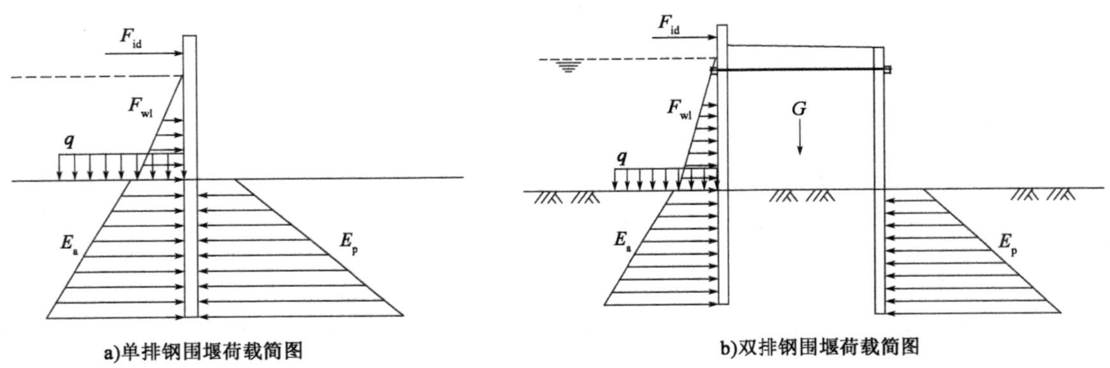

a)单排钢围堰荷载简图　　b)双排钢围堰荷载简图

图 8-2　钢围堰荷载简图

F_{id}-动水压力、风荷载、波浪力、冰压力等可变荷载合力；F_{wl}-流水压力标准值；E_a-主动土压力合力；E_p-被动土压力合力；q-围堰外河床或地面的附加分布荷载标准值；G-围堰及上部其他结构自重与浮力的合力标准值

8.4.4　结构设计计算时要适当考虑锁口的咬合程度、施工误差、周转材料引起的刚度折减，以及适当考虑安装误差引起的拉杆不均匀受力。

8.4.7　双排围堰之间的填料选择是施工的重点，尤其是双排围堰通常是带水填筑，从以往项目来看，存在填料含水率较大或者直接采用软土填筑，导致填筑期间围堰桩体变形过大、拉杆崩断的情况。位于近海或其他缺乏黏性土的地区，采用中粗砂作为填料时，可通过增加防渗体、封顶、泄水孔等方式提高堰体的防渗性能。

9 基坑工程

9.1 一般规定

9.1.2 堰筑隧道基坑工程除了与基坑深度相关外，另外还与水头差相关，因含水层多数与地表水相通，水头高于常规的基坑工程，因此，将水头差作为安全等级划分的依据之一。

9.2 基坑支护选型与基坑布置

9.2.1 放坡开挖具有速度快、工序少的优势，但开挖、回填工作量大，因此，多用于地质条件较好的段落，并需做好回填设计，减小结构不均匀沉降。

9.2.2 堰筑隧道基坑是长条形的布置，横向宽度一般在30～45m，纵向长度较长，如不采用止水帷幕进行分仓设计，则不能形成封闭的基坑，横向端头易出现涌水、滑塌等问题。因此，规定分仓的长度，与实际施工工序较为吻合，每个独立的分仓需考虑同步施工、止水封闭及端头段的支挡方案。

9.9 基坑开挖与回填

9.9.3 当主体结构之间或主体结构与支护结构之间的水平间距小于3m时，采用传统灰土或水泥土碾压施工的空间受限，难以达到设计要求的压实度，特别对于隧道上部存在道路等对回填土压实度、稳定性有严格要求的段落，可采用自密实水泥土作为回填材料。回填土可利用基坑开挖产生的土方，且能够根据工程实际要求进行配比调试，通过试验确定最优配比，既达到强度要求，又具有经济性。

9.9.4 虽然二次横向围堰能够挡住外侧的水体，但由于回填土体、二次横向土围堰都是填土，与隧道主体结构是两种材质，隧道外边缘难免会形成渗流通道，因此对二次横向围堰内侧土体回填的长度要有规定，若长度过短，则外侧水可通过结构外边缘渗流通道深入围堰内部。

10 地基与基础

10.2 地基计算

10.2.3 路面铺筑需在回水完成且沉降稳定后进行，沉降稳定可按连续两个月监测的沉降量每月不超过 3mm 控制。

10.4 桩基础

10.4.1 堰筑隧道一般浅埋，且隧道建成后对于地基的附加应力比原始状态要来得小，桩基础一般抗拔为主，承压、抗水平作用为辅，同时起到抗不均匀沉降作用。

10.4.2 考虑到隧道内桩基主要是摩擦型，直径/边长不宜取大值，预制方桩边长一般取为 300mm～500mm，预制管桩、钻孔灌注桩直径一般取为 600mm～1000mm。